Meister Suns Kriegskanon

Meister Suns

Kriegskanon

Aus dem Chinesischen
übersetzt und kommentiert von
Harro von Senger

Reclam

RECLAMS UNIVERSAL-BIBLIOTHEK Nr. 18841
2011, 2021 Philipp Reclam jun. Verlag GmbH,
Siemensstraße 32, 71254 Ditzingen
info@reclam.de
Durchgesehene und aktualisierte Ausgabe 2021
Druck und Bindung: Esser printSolutions GmbH,
Untere Sonnenstraße 5, 84030 Ergolding
Printed in Germany 2025
RECLAM, UNIVERSAL-BIBLIOTHEK und
RECLAMS UNIVERSAL-BIBLIOTHEK sind eingetragene Marken
der Philipp Reclam jun. GmbH & Co. KG, Stuttgart
ISBN 978-3-15-018841-5
reclam.de

Meister Suns Kriegskanon

1. Kapitel: Kalküle[1]

1.1. Meister Sun sagt: *Ein*[*] Krieg[2] *ist eine* wichtige Angelegenheit[3] *eines* Landes[4]. *Als Schau*platz *von* Tod *oder* Leben *und als* Weg *in den* Fortbestand *oder in den* Untergang *eines Landes* kann *man es sich* nicht *leisten, einen Krieg, bevor man ihn führt*, nicht *einer äußerst sorgfältigen* Untersuchung *zu* unterziehen.

1.2. Daher[5] durchleuchtet *man vor einem Krieg* sie, *nämlich die Konfliktparteien*, anhand *von* fünf *grundlegenden Bereichen und* vergleicht sie anhand *von* Kalkül*en über sieben mit den fünf grundlegenden Bereichen zusammenhängende Faktoren miteinander, um* deren *für den Kriegsausgang entscheidende* Verhältnisse *zu* ergründen. *Der* erste *Bereich* heißt »Weg«, *der* zweite heißt »Himmel«, *der* dritte heißt »Erde«, *der* vierte heißt »Feldherr«, *und der* fünfte heißt »Gesetz«. *Der rechte* Weg *im Sinne einer guten Landesführung* bewirkt Eintracht *zwischen der* Bevölkerung und *dem* Ober*haupt des Landes.* Daher *ist die* Bevölkerung imstande, *zusammen* mit ihm *zu* sterben, *und sie ist* imstande, *zusammen* mit ihm *zu* leben, *beides*, ohne *sich gegen ihn* aufzulehnen. »Himmel« *steht für* Yin *und* Yang *im Sinne von Tag und Nacht, klarem oder regnerischem Wetter und von gewissen Geländebedingungen und dergleichen, für* Kälte *und* Hitze *und die* Reihenfolge *der* Jahreszeiten. »Erde« *bezieht sich auf* Anhöhen *und* Tief*land*, nahe *und* ferne *Gebiete*, gefahrvolle *und* leicht *zugängliche Orte*, weite *und* enge *Räume*, tod*bringendes und das Über*leben *sicherndes Gelände.* »Feldherr« *steht für fünf Tugenden, nämlich 1. listkundige* Weisheit[6]; *2.* Glaubwürdigkeit; *3.* Güte[7]; *4.* Kühnheit *und 5.* Strenge. »Gesetz« *steht für militärrechtliche Bestimmungen*[8] *über die* Trup-

[*] Zu der abwechselnden Gerad- und Kursivschreibung s. »Zu dieser Ausgabe«, S. 77.

penordnung, *die militärischen* Dienstwege *und -pflichten sowie die* Aufsicht *über die militärischen* Versorgungsgü*ter. Es* gibt keine*n* Feldherr*n*, *der* nicht *von diesen fünf Bereichen* gehört *hätte. Aber nur der Feldherr, der über* sie *gründlich Bescheid* weiß, *wird* siegen. Wer *über* sie nicht *gründlich Bescheid* weiß, *wird* nicht siegen.

Daher vergleicht *man* sie, *also die Konfliktparteien, in einem weiteren Schritt* anhand *von* Kalkül*en über sieben mit den fünf grundlegenden Bereichen zusammenhängende Faktoren miteinander, um* deren *für den Kriegsausgang entscheidende* Verhältnisse *zu* ergründen*: 1.* Welche*r Lan*desherr verfügt *über den besseren* Weg *der Landesführung? 2.* Welche*r* Feldherr verfügt *über die größeren* Fähigkei*ten? 3.* Wer erlangt *die günstigeren Bedingungen in den Bereichen* Himmel *und* Erde*? 4.* Wer vollzieht *das* Gesetz *und die* Befehle *wirksamer? 5.* Wer verfügt *über die stärkeren* Waff*en und die* kraftvoll*ere* Schar *von Männern für die Nachschub- und Trossarbeiten*[9]*? 6.* Wessen Soldat*en sind besser* ausgebildet*? 7.* Wessen Belohnung*en und* Straf*en sind* klar*er und gradliniger?* Ich weiß gestützt *auf* diese *sieben Vergleiche*, wer siegen *und wer* verlieren *wird.*

Wenn der Feldherr[10] *auf* meine*n aufgrund der oben erwähnten Abklärungen festgelegten Kriegs*plan hört *und man* ihn einsetzt, *wird man* bestimmt siegen. Ihn *sollte man* behalten. *Wenn der* Feldherr *auf* meine*n Kriegs*plan nicht hört *und man* ihn *dennoch* einsetzt, *dann wird man* bestimmt *eine* Niederlage erleiden. Ihn *sollte man* entlassen.[11]

*1.3. Wenn der aufgrund der oben erwähnten Abklärungen festgelegte Kriegs*plan Nutzen *verheißt und vom Feldherrn auch* schon erhört *worden ist*, dann gestaltet *dieser günstige* Konstellation*en*[12] *als zusätzliche* äußere Beihilf*en für* dessen *möglichst reibungslose Umsetzung.*[13] *Günstige* Konstellation*en gestaltet er dadurch, dass er ständig auf den eigenen* Nutzen ausgerichtete Abwägung*en hinsichtlich der sich laufend verändernden Umstände vornimmt* *und gestützt darauf flexibel lagegerechte Entscheidungen* trifft *und umsetzt.*[14]

Der im Vorfeld[15] *und während eines* Krieges *beschrittene* Weg ist *ein mit* List[16] *gepflasterter* Weg. Daher *greift man zur Gestaltung günstiger Konstellationen dem Feind gegenüber beispielsweise*[17] *zu folgenden Strategemen*[18]. *1. Ist man zu etwas* fähig, *beispielsweise zu einem Waffengang,* dann spiegelt *man* ihm Unfähigkeit *vor.* 2. *Will man etwas* einsetzen, dann spiegelt *man* ihm dessen Nichteinsatz *vor. 3. Will man etwas in der* Nähe *unternehmen,* dann spiegelt *man* ihm *eine Aktion in der* Ferne *vor. 4.* Will *man etwas in der* Ferne *unternehmen,* dann spiegelt *man* ihm *eine Aktion in der* Nähe *vor. 5. Ist er auf einen* Vorteil *erpicht,* dann *lockt man* ihn *mit einem Köder in die Irre.* 6. Bricht *bei ihm wegen oder ohne Fremdeinwirkung ein* Chaos *aus,* dann bemächtigt *man sich* seiner. *7. Ist er* voll *gerüstet,* dann wappnet *man sich gegen* ihn. *8. Ist er* stark, dann weicht *man* ihm *aus. 9. Ist er jäh*zornig, dann reizt *man* ihn *zu unüberlegtem Handeln*[19]. *10. Ist er klein*mütig, macht *man* ihn überheblich[20]. *11. Ist er* ausgeruht, dann ermüdet *man* ihn.[21] *12.* Ist *er* geeint, dann spaltet *man* ihn.[22] *Um stets Herr der Lage und im Besitz der Initiative zu sein,* greift *man ihn zu dem Zeitpunkt und an der Stelle an, wann und wo* er unvorbereitet *ist, und* tritt *zu dem Zeitpunkt und an der Stelle* auf *den* Plan, *wann und wo* er *es* nicht erwartet.[23] Diese *Art des Vorgehens ist ein Schlüssel zum* Sieg *des* Feldherrn, *er sollte sich ihrer aus der jeweiligen Situation heraus auf biegsame Weise bedienen und* kann *sie daher* nicht vorher *starr festlegen und* verbreiten.

1.4. Wer nun *aufgrund der* vor *dem* Kriegs*ausbruch im Ahnen*tempel[24] *vorgenommenen* Kalküle[25] *als* Sieger *erscheint, ist derjenige, der* mehr Berechnungs*stäbchen*[26] erlangt. *Wer aufgrund der* vor *dem* Kriegs*ausbruch im Ahnen*tempel *vorgenommenen* Kalküle *nicht als* Sieger *erscheint, ist derjenige, der* weniger Berechnungs*stäbchen* *erlangt. Wer* viel *und weitsichtig* plant, *wird* siegen. *Wer* wenig *und oberflächlich* plant, *wird* nicht siegen. Umso mehr *droht eine Niederlage demjenigen, der überhaupt* nicht plant.[27] *Für einen künftigen Krieg gilt, dass, wenn* ich ihn *auf* diese *Weise, also anhand der fünf Bereiche und der sieben Faktoren*, betrachte, *sich* Sieg *und* Niederlage *als voraus*sehbar *erweisen.*

2. Kapitel: Kriegsvorkehrung*en*[1]

2.1. Meister Sun sagt: Allgemein *gilt gemäß den* Regel*n* *betreffend den* Armeeeinsatz: *Wenn* tausend *leichte* Kampfwagen, tausend *schwere Nachschub*wagen *und* hunderttausend panzerbewehrt*e* *Soldaten ins Feindesland verlegt und über* tausend Meile*n* *hinweg* Verpflegung transportiert *werden*, dann *belaufen sich die hierfür im* Inland *und auf dem* auswärtig*en* *Kriegsschauplatz anfallenden* Kosten, *die Auslagen infolge des* Einsatzes *von* Gesandt*en* *und* Berater*n* *zum Schmieden von Bündnissen und zur Isolierung des Feindes, die Ausgaben für fäulnishemmende Werk*stoffe *wie* Leim *und* Lack *für Waffen und Geräte und die Aufwendungen für die* Wartung *von* Wagen *und* Rüstung*en* *auf* täglich tausend Gold*stücke. Nur dann, wenn man diese Kosten auf sich nimmt, ist der Feldherr in der Lage, eine* hunderttausend *Mann starke* Armee *aufzu*bieten.

2.2. *Bei* deren Einsatz *für einen* Krieg *sollte der Feldherr auf einen schnellen* Sieg Wert legen. *Denn wenn der Krieg zu* lange dauert, dann ermatten *die* Soldat*en* *und* erlahmt *die Kampf*kraft *der Armee, und wenn sie eine* Stadt angreift, dann *werden die* Kräfte ausgezehrt. Setzt *man die* Armee *während eines auswärtigen Kriegszuges allzu* lange *der Sonnenglut, dem Frost, dem Sturm und dem Regen und weiteren Unbilden aus, dann* reichen *die* Ausgabe*n* *des* Landes nicht *aus. Wenn die* Soldat*en* ermattet, *die* Stoßkraft *der* Armee erlahmt, *die* Kräfte *des Landes* ausgelaugt *und dessen* Güter aufgebraucht *worden sind*, dann *werden feindliche* Lehnsfürst*en* diese missliche *Lage* ausnützen *und das durch den Krieg erschöpfte Land* angreifen. Obwohl *dessen Herrscher über noch so* weise *Berater* verfügen *mag, dürfte er dann* nicht *in der* Lage sein, diese *schlimmen* Auswirkungen *zum* Guten *zu* wenden. Daher *hat man in* *einem* Krieg *schon von* törichter Eile[2] gehört, aber *noch* nie *hat man eine* schlaue langdauernde *Kriegführung* erlebt.[3] *Dass ein* Krieg lange andauert *und das* Land *davon einen* Nutzen *hat, das hat es noch* nie gegeben.

2.3. *Wenn man* daher nicht *in vollem Umfang über den möglichen* Schaden *infolge des* Gebrauchs *einer* Streitmacht *Bescheid* weiß, dann vermag *man auch* nicht *in vollem Umfang über den* Nutzen *infolge des* Gebrauchs *einer* Streitmacht *Bescheid zu* wissen. Wer *sich* gut *im* Gebrauch *einer* Streitmacht *versteht*, hebt Soldaten nicht *ein* zweites Mal *aus, sondern erreicht aufgrund vorgängiger Kalküle dank seiner eigenen ein Mal ausgehobenen überlegenen Streitmacht einen schnellen Sieg beziehungsweise ergänzt die eigenen Truppen allenfalls durch Kriegsgefangene. Er lässt* nicht wiederholt Lebensmittel *zur Feldtruppe hin*transportieren. *Er* beschafft *sich die Ausrüstung*, die *er* braucht, *im eigenen* Land, *den* Proviant stellt *er im* Feindes*land sicher*, daher kann *er die* Verpflegung *der* Streitmacht ausreichend *gewährleisten*.

Ein Grund für *die* Verarmung *eines* Landes infolge *eines* Trupp*eneinsatzes sind die* Ferntransporte *für die Armee. Werden* Ferntransporte *durchgeführt*, dann verarmen *die Träger der* hundert Familiennamen[4]. *Händler in der* Nähe *der* Armee verkaufen *Güter zu* teuren *Preisen. Werden die* Waren teuer verkauft, dann *wird bei einem lang dauernden Krieg das* Vermögen *der Armee* aufgebraucht. *Wenn das* Vermögen *der Armee* aufgebraucht *ist*, dann *ist die Erhebung von Militär*steuern *und die Beanspruchung von Frondiensten* [5] dringend *erforderlich. An der Front sind die* Kräfte erschöpft *und die* Güter aufgebraucht, *und im* Landesinneren[6] *herrscht gähnende* Leere *in den Häusern der wohlhabenden* Familien. *Die* Ausgaben *der* Träger *der* hundert Familiennamen *haben zur Folge, dass sie* sieben Zehntel *ihres Vermögens* verlieren. *Die* Ausgaben *des* öffentlichen Haushaltes, *wie für den Ersatz* beschädigter Kriegswagen, *die Auswechslung von* ausgezehrt*en* Pferd*en*, *die Herstellung von* Panzer*n*[7] *und* Schutzhelm*en*[8], Pfeil*en* *und* Bogen, *die Wiederherstellung von* Hellebard*en*[9], Speer*en* *und* Schild*en*, *für* Zugochs*en* *und* groß*e* Wagen, *haben eine Vermögens*einbuße *um* sechs Zehntel *zur Folge.* Daher *wird sich der* weise Feldherr[10] unbedingt *die* Verpflegung im Feind*esland* beschaffen. *Wenn man* eine Zhong-*Maßeinheit von beim* Feind *beschaffter* Nahrung isst, *dann* entspricht *dies* zwanzig Zhong-*Maßeinheiten von aus* unser*em* Land *an die Front transportierter Nahrung.* Braucht *man eine* Shi-*Maßeinheit* Futter, *das man im Feindesland beschafft hat, so* entspricht *dies* zwanzig Shi-*Maßeinheiten Futter, die man aus unserem Land an die Front transportiert hat.*

Will man, dass die Soldaten den Feind töten, *dann muss man ihren* Hass anstacheln. *Will man, dass die Soldaten* Nutzgüter *des* Feind*es* erbeuten, *muss man sie mit* Hab *und* Gut *belohnen. Werden* daher *in einem mit* Kriegswagen *ausgefochtenen* Waffengang zehn und mehr Kriegswagen erbeutet, belohnt *man* jenen *Soldaten, der* zuerst *einen Wagen* erbeutet *hat*, und *dann* wechselt *man die feindlichen* Flagg*en* *auf den erbeuteten Kriegswagen aus und hisst auf diesen eigene* Flagg*en*. *Man* gliedert *die Kriegs*wagen *in das eigene Wagenarsenal* ein *und* bemannt sie. *Die gefangenen* Soldaten behandelt *man* gut und hegt *sie, um sie in die eigenen Truppen einzugliedern und sich so nutzbar zu machen.* Dies nennt *man* »*Den* Feind besiegen und dadurch *noch* stärker *werden*«.

2.4. Daher *gilt: Im* Krieg legt *der Feldherr* Wert *auf einen* schnell*en* *Sieg. Er* legt nicht Wert *auf einen* lange *andauernden Krieg.*

2.5. Daher *ist der* Feldherr[11], *der über die* Krieg*führung Bescheid* weiß, *der* Gebieter *über das* Leben *der* Bevölkerung, *er ist der* Herr *über* Sicherheit *und* Gefährdung *des* Landes.

3. Kapitel: Angriff *mit* Strategem*en*[1]

3.1. Meister Sun sagt: Nun, *gemäß den* Regel*n betreffend den* Armeeeinsatz *gilt Folgendes: Das feindliche* Land *in* unversehrt*em Zustand, also ohne Waffengewalt und Blutvergießen, gefügig zu machen ist das* Beste. *Dem feindlichen* Land *mit Waffengewalt und Blutvergießen eine naturgemäß zerstörerische und verlustreiche militärische* Niederlage beizubringen *und es so gefügig zu machen, ist* nachgeordnet, *also suboptimal. Eine feindliche* Armee[2] *in* unversehrt*em Zustand, also ohne Waffengewalt und Blutvergießen, gefügig zu machen, ist das* Beste, *weil dann auch die eigene Streitmacht keinen Kampfeinsatz durchführen muss und folglich keine Verluste erleidet. Der feindlichen* Armee *mit Waffengewalt und Blutvergießen eine naturgemäß zerstörerische und verlustreiche militärische* Niederlage zu bereiten, *ist* nachgeordnet. *Eine feindliche* Division[3] *in* unversehrt*em Zustand, also ohne Waffengewalt und Blutvergießen, gefügig zu machen, ist das* Beste. *Der feindlichen* Division *mit Waffengewalt und Blutvergießen eine naturgemäß zerstörerische und verlustreiche militärische* Niederlage zu bereiten, *ist* nachgeordnet. *Ein feindliches* Regiment[4] *in* unversehrt*em Zustand, also ohne Waffengewalt und Blutvergießen, gefügig zu machen, ist das* Beste. *Dem feindlichen* Regiment *mit Waffengewalt und Blutvergießen eine naturgemäß zerstörerische und verlustreiche militärische* Niederlage zu bereiten, *ist* nachgeordnet. *Einen feindlichen* Zug[5] *in* unversehrt*em Zustand, also ohne Waffengewalt und Blutvergießen, gefügig zu machen, ist das* Beste. *Dem feindlichen* Zug *mit Waffengewalt und Blutvergießen eine naturgemäß zerstörerische und verlustreiche militärische* Niederlage zu bereiten, *ist* nachgeordnet.

3.2. In hundert Waffengänge*n* hundert Siege *zu erringen, ist* daher nicht *das* Gute *vom* Gute*n*. Ohne *einen* Waffengang *die* Streitmacht *der* Männer[6] *der Gegenseite*[7] gefügig zu machen, *ist erst das* Gute *vom* Guten. Daher besteht *die* beste Krieg*führung darin, mittels Strategemen* gegen *die Kriegs*planungen *des Feindes* vorzugehen, *so dass sie versanden und der Feind ohne Waffengang gefügig gemacht wird.* Dem nachgeordnet *ist es*, gegen *die* diplomatischen *Beziehungen des Feindes* vorzugehen, *ihn zu isolieren und so gefügig zu machen.* Dem nachgeordnet *ist es, in einem Waffengang* gegen *die feindliche* Streitmacht vorzugehen. *Das* Schlechteste *ist es, feindliche* Städte anzugreifen. *Greift man zum* Mittel *des* Angriffs *auf* Städte, *so* tut *man dies, weil* nichts anderes übrig bleibt. *Die* Herstellung *von beim Angriff auf eine Stadt benötigten Spähwagen*[8] *und von* Wagen, *die mit Plachen die Soldaten, welche Tunnels usw. nahe der Stadtmauer graben, vor feindlichen Pfeilen usw. schützen, ferner die* Bereitstellung *von* Geräten *zur Bezwingung der Stadtmauern, ist erst* nach drei Monaten abgeschlossen. *Die Errichtung von* Erdwällen *zur Beobachtung des Geschehens innerhalb der feindlichen Stadt erfordert* erneut drei Monate, bis *sie* abgeschlossen *ist. Wenn der* Feldherr seines Zorns *und seiner Ungeduld* nicht Herr *wird und er die Soldaten antreibt, sich wie* Ameisen *an die Stadtmauer zu* heften, *um an* ihr *emporzuklettern und in die Stadt einzudringen*, erleidet *ein* Drittel *der* Soldaten *den* Tod, und *die* Stadt *ist noch immer* nicht erobert. Dies *ist das durch einen* Angriff *auf eine feindliche Stadt heraufbeschworene* Unheil. Wer *sich also* gut *in einem* Armeeeinsatz *versteht*, macht *sich die* Streitmacht *der feindlichen* Männer gefügig, ohne *einen* Waffengang[9] *durchzuführen. Er* erobert *die* Stadt *der feindlichen* Männer, ohne *sie* anzugreifen. *Er* bringt *dem* Land *der feindlichen* Männer *eine* Niederlage bei, ohne *einen* langwierigen *Feldzug durchzuführen. Er will* unbedingt *unter Wahrung der* Unversehrt*heit der eroberten Gebiete die Vorherrschaft über die Länder* unter *dem* Himmel erkämpfen. Daher *bleiben die eigene und die feindliche* Streitmacht unversehrt *und* *kann der* Nutzen *einer auf diese Weise gewonnenen machtpolitischen Auseinandersetzung, da keinerlei Schäden entstehen,* vollkommen *sein.* Das ist *die* Methode *des* Angriffs *mit* Strategeme*n*.

3.3. Die Regel*n für den* Armeeeinsatz *besagen*: Ist *man* zehn *Mal stärker als die feindliche Streitmacht*, dann umzingelt *man* sie. Ist *man* fünf *Mal stärker als die feindliche Streitmacht*, dann greift *man* sie *an*. Ist *man* doppelt *so stark wie die feindliche Streitmacht*, dann zersplittert *man* sie *und greift mit überlegenen eigenen Kräften die isolierten feindlichen Truppenteile an. Ist der Feind* gleich *stark*, dann *ist die* Fähigkeit *gefragt, mit Hilfe von Strategemen einen erfolgreichen* Waffengang *mit* ihm auszutragen. *Hat man die* kleinere *Streitmacht als der* Feind, dann *ist die* Fähigkeit *gefragt*, ihm *die Stirne zu bieten, indem man die eigene Stellung* hält *und sich nicht auf allfällige Provokationen einlässt.*[10] *Ist die eigene Streitmacht der Streitmacht des Feindes allzu* unebenbürtig, *ist die* Fähigkeit *gefragt*, ihm auszuweichen. *Denn die* Hartnäckigkeit *einer* klein*en* feind*lichen Streitmacht, die halsstarrig ihre Stellung halten will, hat* Gefangennahme *seitens der* groß*en* feind*lichen Streitmacht zur Folge.*[11]

3.4. Nun, *der* Feldherr *ist eine* Stütze *des* Landes. *Ist die* Stütze umfassend, dann *ist das* Land bestimmt stark. *Ist die* Stütze lückenhaft, dann *ist das* Land bestimmt schwach. *Das* Unheil, *das der* Fürst *in seinem vom Kriegsgeschehen weit entfernten Palast der* Armee zufügen *kann, ist* drei*facher Art. Er* weiß nicht, *dass die* Armee *zu einem* Vormarsch nicht fähig *ist*, aber *er* heißt sie vorzurücken. *Er* weiß nicht, *dass die* Armee *zu einem* Rückzug nicht fähig *ist*, aber er heißt sie, *den* Rückzug *anzutreten*. Das nennt *man* »*der* Armee *einen Strick* umbinden«. Weiß *der Fürst über die* Angelegenheit*en in den* drei Armee*n*[12] nicht *Bescheid, will* aber *an der* Verwaltung *der* drei Armee*n* mitwirken, dann geraten *die* Armeeangehörige*n* *in* Verwirrung. Weiß *der Fürst über die in den* drei Armee*n* *vorgenommenen* Abwägunge*n* *hinsichtlich der sich laufend verändernden Umstände* nicht *Bescheid*, *will* aber *am* Kommando *über die* drei Armee*n* mitwirken[13], dann kommen *bei den* Armeeangehörige*n* Zweifel *auf*, *und sie verlieren das Vertrauen in den Feldherrn. Kommt in den* drei Armee*n* Verwirrung *auf und steigen* auch Zweifel *auf*, dann *wird sich das* Verhängnis *eines Angriffs seitens feindlicher* Lehensfürste*n* einstellen. Das nennt *man* »*die eigene* Armee *in ein* Chaos zu stürzen *und den Feind zum* Sieg zu führen«.

3.5. Es gibt fünf *Umstände, in denen man im Voraus* wissen *kann, dass ein* Sieg *möglich ist. 1.* Weiß *der Feldherr, unter welchen Bedingungen ein* Waffengang möglich und *unter welchen Bedingungen ein* Waffengang nicht möglich *ist*, *dann ist ein* Sieg *möglich. 2.* Versteht *es der Feldherr, wo, wann und wie sowohl eine* Menge *als auch eine* kleine Zahl *von Soldaten geschickt* einzusetzen *sind*, *dann ist ein* Sieg *möglich. 3.* Wünschen *im eigenen Land die* Oberen *und die* Untere*n* *das* Gleiche, *dann ist ein* Sieg *möglich. 4.* Tritt *man* mit *eigener* Kampfbereitschaft *der* nicht *vorhandenen feindlichen* Kampfbereitschaft *entgegen*, *dann ist ein* Sieg *möglich. 5. Ist der* Feldherr fähig und hemmt *der* Fürst *ihn* nicht, *dann ist ein* Sieg *möglich*. Diese fünf *Umstände weisen den* Weg *zum* Wissen, *dass ein künftiger* Sieg *möglich ist.*

Also sagt *man*: Weiß *man über das* Gegenüber *Bescheid und* weiß *man über* sich *Bescheid*, *dann werden* hundert Waffengänge kein Unheil *bringen*. Weiß *man über das* Gegenüber nicht *Bescheid*, weiß *man* aber *über* sich *Bescheid*, *dann kann* ein Sieg, *aber au*ch eine Niederlage *die Folge sein*. Weiß *man über das* Gegenüber nicht *Bescheid*, *und* weiß *man über* sich nicht *Bescheid*, *dann bringt* jeder Waffengang bestimmt Unheil.

4. Kapitel: *Die* Gestaltung[1] *einer möglichst günstigen militärischen Ausgangslage*

4.1. Meister Sun sagt: Wer *sich* früher gut *auf* Krieg*führung verstand*, schuf *sich* zunächst *eine Ausgangslage, in der er* nicht besiegt *werden* konnte, um *auf eine Konstellation, in der der* Feind besiegt *werden* konnte, *zu* warten. *Die Schaffung einer Ausgangslage, in der man vom Feind* nicht besiegt *werden* kann, hängt *von einem* selbst *ab. Die Entstehung einer Konstellation, in welcher der Feind* besiegt *werden* kann, hängt *von Entwicklungen auf Seiten des* Feindes *ab.* Wer *sich* daher gut *in der* Krieg*führung versteht*, vermag *sich zwar eine Ausgangslage zu sichern, in der er* nicht besiegt *werden* kann, *aber er* vermag *es* nicht, *allein gestützt auf eigene Vorkehrungen den* Feind *in eine Konstellation zu versetzen, in welcher dieser* mit Sicherheit besiegt *werden* kann. Daher sagt *man*: *Man* kann *im Voraus* wissen, *dass ein* Sieg *möglich ist*, aber *man* kann *ihn* nicht *allein gestützt auf eigene Vorkehrungen, koste es, was es wolle*, herbeiführen. Wer nicht besiegt *werden* kann, hält *seine Stellung*. Wer siegen kann, *der* greift *an*. Hält *man die* Stellung, dann *deshalb, weil die Kräfte für einen Angriff* nicht ausreichen. Greift *man an*, dann *deshalb, weil man über* ausreichende *Kräfte* verfügt. Wer *sich* gut im Halten *der* Stellung versteht, verbirgt *sich gleichsam* tief unter *der* Erde[2], *so dass er unangreifbar ist.* Wer *sich* gut *auf einen* Angriff *versteht*, tritt *gleichsam wie vom* höchsten *Punkt des* Himmels *aus, mit unwiderstehlicher Wucht, plötzlich in* Aktion, *so dass der Feind ihm wehrlos ausgeliefert ist.* Daher kann *er einen* umfassenden Sieg *erringen* und *dabei sich* selbst *unversehrt* bewahren.

4.2. Übertrifft *man, wenn man den* Sieg voraussieht, nicht *das* Wissen, *das auch schon* die Menge *über den künftigen Sieg besitzt, dann ist das* nicht *das* Gute *vom* Guten, *denn man sollte die Siegchancen bereits in einem viel früheren Stadium erkennen beziehungsweise dann, wenn in den Augen der Menge alles auf einen sicheren Sieg hindeutet, sich abzeichnende Tendenzen, die auf eine Niederlage hinweisen, rechtzeitig wahrnehmen und Maßnahmen gegen diese ergreifen.* In *einem spektakulären* Waffengang *einen* Sieg zu erringen und dann *deswegen von den Leuten* unter *dem* Himmel *für* gut *befunden zu werden, ist* nicht *das* Gute *vom* Guten, *optimal ist es vielmehr, eine Auseinandersetzung mittels Strategemen oder diplomatischen Mitteln ohne Waffengang zu gewinnen, so dass die Menschen einen solchen Sieg ohne Waffeneinsatz gar nicht wahrnehmen und natürlich auch kein Lob spenden.*

Hebt *man ein im* Herbst *neu gewachsenes winziges* Flaumhaar *eines Wildtiers* empor, so ist *das* nicht *ein Zeichen von* viel Kraft. Erblickt *man* Sonne *und* Mond, *so* ist *das* nicht *ein Zeichen besonders* scharfsichtiger Augen. Vernimmt *man einen* Donnerschlag, *dann* ist *das* nicht *ein Zeichen besonders* hellhöriger Ohren. Wer *im* Altertum *als* jemand, *der sich* gut *in der* Krieg*führung verstand*, bezeichnet *wurde, war einer, der über einen infolge der erfolgreichen Gestaltung der eigenen Ausgangslage und des Abpassens oder der Gestaltung einer günstigen Konstellation* leicht *zu* besiegenden *Feind* siegte. *Wenn daher* einer, der *sich wirklich* gut *auf einen* Waffengang *versteht, einen* Sieg *erringt, dann benötigt er gar keinen Waffengang. Daher erregt der Sieg, den er erringt, weil er nicht wahrgenommen wird, kein Aufsehen, daher glänzt er* nicht *infolge* außergewöhnlicher *militärischer* Siege, *daher* verfügt *er* nicht *über den* Ruf *eines* Weisen, *und daher* erwirbt *er, da er sich in einem Keimstadium der Auseinandersetzung mit Weisheit im Verborgenen durchgesetzt und nicht mit Streitmacht vor aller Augen gesiegt hat*, keine *auf* Kühnheit *gründenden* Verdienste. *Erringt er* daher *den* Sieg, ohne *eine* Fehlleistung *zu begehen, und führen, da er* keine Fehlleistung *begeht, die von ihm* ergriffenen Maßnahmen *den* sicheren Sieg *herbei, dann deshalb, weil er infolge seiner Gestaltung der Ausgangslage für die Erringung des Sieges und des Wartens auf eine oder der Herbeiführung einer günstige(n) Konstellation einen bereits der sicheren* Niederlage *geweihten Feind* besiegt. Wer *sich* daher gut *in der* Kriegf*ührung versteht*, versetzt *sich zunächst* in *eine* Lage, *in der ihm* keine Niederlage *beigebracht werden kann*, und danach verpasst *er* keine *sich ihm bietende Gelegenheit, dem* Feind *eine* Niederlage *beizubringen.* Daher *schafft eine* siegreiche Streitmacht zunächst *die Bedingungen für einen* Sieg und sucht *erst* dann *den* Waffengang *mit dem Feind. Eine der* Niederlage *geweihte* Streitmacht *beginnt* zuerst *einen* Waffengang *und* sucht *erst* dann *auf gut Glück nach Bedingungen für die Herbeiführung eines* Sieges. Wer *sich* gut *in einem* Armeeeinsatz *versteht*, pflegt *den* Weg *zur Gewährleistung einer guten Ordnung im eigenen Land und* hegt *die* Mittel *zum Aufbau einer schlagkräftigen Armee.* So kann *er zum* Herrn *über* Sieg *und* Niederlage *werden.*

4.3. Im Buch Kriegskanon[3] *heißt es: Man benutzt fünf Schritte, um die Möglichkeit eines Sieges zu ermessen.* Erstens: Einschätzung; zweitens: Bemessung; drittens: Zahl*en*, viertens: Gleichgewicht, fünftens: Sieg. *Aus der Größe des eigenen* Landesgebiets ergibt *sich eine* Einschätzung *der verfügbaren Ressourcen. Aus der* Einschätzung *der verfügbaren Ressourcen* ergibt *sich eine* Bemessung *der eigenen militärischen Kapazitäten. Aus der* Bemessung *der eigenen Kapazitäten* ergeben *sich* Zahlen *betreffend die eigene militärische Stärke. Aus diesen* Zahlen ergibt *sich ein* Gleichgewicht *zwischen der militärischen Stärke und der konkreten Lage des Landes. Aus diesem* Gleichgewicht ergibt *sich die Grundlage für einen* Sieg *in einem Krieg.*[4]

Wenn somit *die Gestaltung der Ausgangslage für einen Sieg bestmöglich durchgeführt worden ist, dann* gleicht *die* sieg*reiche* Streitmacht *dank ihrer Übermacht einer* Yi-*Ge-*

wichtseinheit, gegen die eine Zhu-*Gewichtseinheit*[5] abgewogen *wird. Die der* Niederlage *geweihte* Streitmacht gleicht *einer* Zhu-*Gewichtseinheit, gegen die eine* Yi-*Gewichtseinheit* abgewogen *wird.*

4.4. Setzt ein siegr*eicher Feldherr seine* Leute *für einen* Waffengang *ein, der mit der Wucht von* aufgestaut*em* Wasser verglichen *werden kann, das nach der* Öffnung *einer Durchflussstelle von einer Höhe von* achttausend Fuß[6] *eine* Schlucht *hinunterstürzt und alles niederwalzt, dann liegt eine erfolgreiche* Gestaltung *der Ausgangslage für die Erringung eines Sieges vor.*

5. Kapitel: *Das Herbeiführen und Ausnutzen einer siegbegünstigenden Kräfte*konstellation

5.1. Meister Sun sagt: *Die erfolgreiche* Führung *von* viel*en Soldaten* ebenso wie *die* Führung *von* wenig*en Soldaten ist* gemeinhin *abhängig von der Beschaffenheit der* Truppenordnung[1]. *Der* Kampf*einsatz von* viel*en Soldaten* ebenso wie *der* Kampf*einsatz von* wenig*en Soldaten* – das *ist abhängig vom Kommando mittels* Signaltrommel*n und* Kriegsflagg*en*. *Dass ein Feldherr die* viel*en Soldaten der* drei Armee*n* instand*zu*setzen vermag, *in einem Waffengang dem* Feind voll ausgesetzt *zu sein* und *doch* keine Niederlage *zu* erleiden – das *ist abhängig vom geschickten Einsatz von* Gewöhnlich*em und* Außergewöhnlich*em.*[2] *Dass der Schlag, den eine* Streitmacht *dem Feind* versetzt, gleich *wirkt wie der* Wurf *eines* Stein*s auf ein* Ei – das ist *abhängig vom geschickten Umgang mit der* Leere *und der* Fülle[3].

5.2. Bei jed*em* Waffengang tritt *man dem Feind im* gewöhnlich*en Rahmen wie beispielsweise mit konventionellen Truppen oder frontal entgegen, aber* mittels *aus dem Rahmen fallender* außergewöhnlich*er Maßnahmen wie etwa eines Flankenangriffs oder mittels überraschender sonstiger Aktionen wie des Angriffs auf vitale feindliche Leerstellen* erringt *man den* Sieg. *Die Behelfe dessen,* der *sich* gut *darauf versteht,* Außergewöhnlich*es zu* erzeugen *und einzusetzen, sind so* unabsehbar wie *die Änderungen am* Himmel *und die Wandlungen auf der* Erde, *und so* unerschöpflich wie *die endlos dahingleitenden* Ströme *und* Flüsse. *Es verhält sich so wie mit dem, was* verschwindet und *dann* wieder *zu strahlen* beginnt – das sind Sonne *und* Mond –, *und wie mit dem,* was *an ein* Ende gelangt und *dann* wieder ersteht – das sind *die* vier Jahreszeit*en*. *An* Tön*en gibt es* nicht mehr als *deren* fünf, *aber was die zahl-*

losen Variation*en der* fünf Töne[4] *betrifft, so* vermag *man gar* nicht *die Fähigkeit aufzubringen, sie alle* anz*u*hören. *An* Farb*en gibt es* nicht mehr als *deren* fünf, *aber was die zahllosen* Variation*en der* fünf Farb*en*[5] *betrifft, so* vermag *man gar* nicht *die Fähigkeit aufzubringen, sie alle zu* betrachten. *An* Geschmäck*en gibt es* nicht mehr als *deren* fünf, *aber was die zahllosen* Variation*en der* fünf Geschmäcke[6] *betrifft, so* vermag *man gar* nicht *die Fähigkeit aufzubringen, sie alle zu* kosten. *An* Kriegskonstellation*en* gibt *es* nicht mehr als *das* Gewöhnlich*e und das* Außergewöhnlich*e, aber was die zahllosen* Variation*en von* Gewöhnlich*em und* Außergewöhnlich*em betrifft, so* vermag *man gar* nicht *die Fähigkeit aufzubringen, sie alle* ausz*u*loten. Außergewöhnlich*es und* Gewöhnlich*es* entstehen wechselseitig *aus einander*, vergleichbar mit *der* Endlosigkeit *eines* Kreis*es* – wer vermag *an* sein Ende *zu* gelangen!

5.3. Dass das ungestüme *Heranbrausen von* reißend*em* Wasser *es* dahin bringt, *einen* Stein weg*zu*schwemmen, ist *die Auswirkung der Entfaltung einer bestimmten Kräfte*konstellation. *Dass das blitz*schnelle *Herabstürzen eines* Greifvogel*s es* dahin bringt, *einem Beutetier die Knochen zu* brechen, ist *das Ergebnis des Angriffs in der angesichts der Entfernung zum Ziel genau richtigen Zeit*spanne. *Von jemandem*, der *sich* gut *auf die* Krieg*führung versteht, gilt* daher, *dass die von* ihm *herbeigeführten Kräfte*konstellation*en für den Feind* gefährlich *und die von* ihm *für punktgenaue Aktionen beherrschten Zeit*spann*en* kurz *bemessen sind. Die Herbeiführung einer Kräfte*konstellation gleicht *dem* Spannen *einer* Armbrust[7], *die Beherrschung einer Zeit*spanne *für eine punktgenaue Aktion* gleicht *dem Augenblick der Betätigung des* Abzuges.

5.4. Inmitten ungeordnet wirken*der Kriegsflaggen und eines* wirr *anmutenden Schlachtgetümmels wird der Eindruck eines* chaotisch*en* Ringen*s vermittelt*, aber *die eigene*

Truppe kann *dank einer guten Führung* nicht in *ein* Chaos versetzt *werden. Inmitten eines* wilden Durcheinanders hält *die Armee eine* kreisförmige Formation *aufrecht, so dass alle Verbände der Armee schlagkräftig interagieren können, weshalb ihr* keine Niederlage beigebracht *werden* kann. *Vorgespiegelte* Unordnung *kann nur aus einer in Wirklichkeit gut* geleiteten *Armee heraus* erzeugt *werden. Vorgespiegelte* Furcht kann *nur aus einer in Wirklichkeit* mutigen *Armee heraus* erzeugt *werden. Vorgespiegelte* Schwäche kann *nur aus einer in Wirklichkeit* starken *Armee heraus* erzeugt *werden. Gibt sich eine* gut geleitete *Armee den Anschein von* Chaos, *dann* ist *das ein Truggebilde bezüglich der* Truppenordnung. *Gibt sich* Mut *den Anschein von* Furcht, *dann* ist *das ein Truggebilde bezüglich der Kräfte*konstellation. *Gibt sich* Stärke *den Anschein von* Schwäche, *dann* ist *das ein Truggebilde bezüglich des* Erscheinungsbildes.[8]

5.5. Wer sich gut *darauf versteht, den* Feind *in* Bewegung *zu* setzen, zeigt ihm *Trug*gebilde, denen *der* Feind *mit* Sicher*heit entsprechende Handlungen* folgen *lässt. Man* bietet ihm *einen Köder dar, nach* dem *der* Feind *mit* Sicher*heit* greifen *wird. Man* setzt ihn *durch vorgespiegelte kleine* Vorteile *in* Bewegung *und* erwartet ihn *in einem Hinterhalt.* Wer *sich* daher gut *in der* Krieg*führung versteht,* erstrebt *den Sieg* gestützt auf *eine günstige Kräfte*konstellation *und* nicht, *indem er größte Anstrengungen von seinen* Männern abverlangt. So kann *er auf den Einsatz vieler* Männer verzichten[9] und *stattdessen die* Konstellation ausnutzen. *Setzt ein Feldherr, der eine günstige* Konstellation ausnutzt, *seine* Männer *für einen* Waffengang *ein,* dann *ist das so einfach* wie *das* Rollen *eines* runden Steins. *Die* Natur *von* Holzklötzen *und* Felsblöcken *ist so, dass sie* dann, *wenn man sie auf einen* sicheren *Boden legt, in* Ruhe *verharren, und* dann, *wenn man sie auf einen* schrägen *Boden legt, in* Bewegung *geraten. Nimmt* *man* viereckige *Holzklötze und Felsbrocken*, dann *verharren sie auch auf abschüssigem Grund in* Ruhe. *Nimmt man* runde *Holzklötze und Felsbrocken und legt sie auf abschüssigen Boden*, dann rollen *sie davon.*

5.6. Darum *ist die Kräfte*konstellation, *die ein Feldherr herbeiführt*[10], *der sich* gut *darauf versteht, seine* Männer *zu einem* Waffengang *einzusetzen, vergleich*bar *mit der Wucht von Geröll, das man von einem* achttausend Fuß *hohen* Berg *hinunter*rollen *lässt* [11] – *das ist die Wirkung infolge der Entfesselung des in einer unwiderstehlichen, aktiv herbeigeführten oder geistesgegenwärtig ausgenutzten*[12] *Kräfte*konstellation *schlummernden Potentials.*

6. Kapitel: Leere *und* Fülle[1]

6.1. Meister Sun sagt: Wer immer zuerst *den* Ort *eines* Waffengang*s* besetzt und *dort den* Feind erwartet, *ist* ausgeruht. Wer danach *den* Ort *des* Waffengang*s* besetzen *will und auf das* Schlacht*feld* eilt, *ist* ausgezehrt. Wer *sich* daher gut *auf* Krieg*führung versteht*, lenkt *die feindlichen* Männer *herbei und lässt sich* nicht von *den feindlichen* Männer*n* *fort*lenken. *Man* kann *es* zustande bringen, *dass* sich *die feindlichen* Männer *aus eigenem Antrieb an einen Ort* begeben, *von dem man wünscht, dass sie sich dorthin begeben, indem man* sie *mit einem in Aussicht gestellten* Vorteil *dorthin lockt. Man* kann *es* zustande bringen, *dass die feindlichen* Männer unfähig *sind, sich an einen Ort zu* begeben, *von dem man wünscht, dass sie sich nicht dorthin begeben, indem man* sie *durch eine angedrohte* Schädigung *von dort fernhält.* Daher *gilt: Ist der Feind* erholt, *dann* kann *man* ihn ermüden. *Ist der Feind* gesättigt, *dann* kann *man* ihn aushungern. *Verharrt der Feind in* Ruhe, *dann* kann *man* ihn *in* Bewegung versetzen. *Man* taucht *an einem* Ort auf, *zu dem* er unweigerlich *herbei*eilen *muss, und man* eilt *an einen* Ort, *von dem* er nicht erwartet, *dass man dort auftaucht.*

6.2. Wenn eine Armee tausend Meile*n* marschiert und *dabei* nicht ermüdet, *dann deshalb, weil sie durch* Gebiete marschiert, *in denen* keine *feindlichen* Männer anwesend *sind, die also leer sind. Wenn der Feldherr eine feindliche* Stelle angreift und *mit* Sicher*heit* erobert, *dann deshalb, weil die von* ihm angegriffene Stelle *vom Feind* nicht verteidigt *wird, also leer ist.* Verteidigt *der Feldherr eine* Stellung und hält *diese mit* Sicher*heit* stand, *dann deshalb, weil er all diejenigen* Stelle*n* verteidigt, *die mit* Sicher*heit* *vom Feind* angegriffen *werden, so dass dieser nirgends eine von der feindlichen Abwehr entblößte Leere zu entdecken* *vermag.* Daher *gilt: In der Auseinandersetzung mit einem Feldherrn, der sich* gut *auf einen* Angriff *versteht*, weiß *der* Feind nicht, welche Stell*en* *er* verteidigen *sollte. In der Auseinandersetzung mit einem Feldherrn, der sich* gut *darauf versteht, eine* Stellung *zu* verteidigen, weiß *der* Feind nicht, *an* welche*r* Stelle *er* angreifen *könnte*. Greift *der Feldherr an* und kann *der Feind ihn* nicht abwehren, *dann deshalb, weil der Feldherr gegen eine feindliche* Leere anstürmt. Zieht *er sich* zurück und kann *ihn der Feind* nicht einholen, *dann deshalb, weil er den Rückzug derart* schnell *vornimmt, dass ihn der* Feind nicht *zu* erreichen *vermag*. Daher *gilt:* Will ich *einen* Waffengang *durchführen und* kann *der* Feind, obwohl *er hinter* hohe*n* Schutzwälle*n* *und* tiefen Wassergräben *verschanzt ist, gar* nicht anders, *als hervorzukommen, um* mit mir *einen* Waffengang *durchzuführen, so deshalb, weil ich eine feindliche* Stelle angreife, *die er* unbedingt retten *muss*. Wünsche ich nicht, *einen* Waffengang durchz*u*führen, *und ist der* Feind, *obwohl ich den Landstrich, den ich verteidige, lediglich durch mit einem Messer in den Boden geritzte Markierungslinien abgesteckt habe*[2] *und nicht mittels Schutzwällen und Wassergräben schütze*, nicht in *der* Lage, mit mir *einen* Waffengang durchz*u*führen, *dann deshalb, weil ich* ihm *Trug*gebilde zeige *und ihn so dazu* verleite, *sich an einen falschen* Ort *zu* begeben. Geheimnisvoll, geheimnisvoll, *wie man es* fertigbringt, *unsichtbar zu sein, indem man* keine *über die eigene Seite Aufschluss gebenden* Spur*en* *ins Blickfeld des Gegners geraten lässt*! Wunderbar, wunderbar, *wie man es* fertigbringt, *unhörbar zu bleiben, indem man* keine*n* *über die eigene Seite Aufschluss gebenden* Laut *an das Ohr des Feindes dringen lässt*! So kann *man zum* Gebieter *über das* Schicksal[3] *des* Feind*es* werden. Führe *ich* somit *die feindlichen* Männer *durch Trug*gebilde in *die* Irre, wobei ich kein*e* Spur*en* *hinterlasse*, dann *kann* ich *Soldaten* zusammenziehen, wohingegen sich *der* Feind *infolge der vielen ihm vorgegaukelten Truggebilde* zersplittert. Ziehe ich *meine Soldaten auf* eine *Stelle* zusammen *und ist der* Feind *mit seinen Soldaten auf* zehn *Stellen* zersplittert *und führt* das *dazu, dass ich die zehn zersplitterten feindlichen Heeresteile je in einem Kräfteverhältnis von* zehn zu eins angreifen *kann, dann bin* ich *an dem betreffenden Punkt in der* Mehrzahl *und ist der* Feind *in der* Minderzahl. Kann *ich* mit vielen wenige angreifen, dann *ist die Stärke des mit* mir *einen* Waffengang *austragenden Feindes* begrenzt. *Den* Ort, *an dem* ich mit *dem Feind einen* Waffengang auszutragen *gedenke*, darf *der Feind* nicht kennen. Ist *der Feind* nicht in *der* Lage, *den Ort des von mir geplanten Angriffs zu* kennen, dann *sind der* Orte, *an denen der Feind sich gegen einen Angriff meinerseits* wappnen *muss*, viele. *Sind der* Orte, *an denen der Feind sich gegen einen Angriff* wappnen *muss*, viele, dann *ist die Streitmacht des Feindes an dem* Ort, *an dem ich einen* Waffengang *gegen ihn durchführe*, reduziert. Wappnet *er sich gegen einen Angriff* vorne, dann *wird die Streitmacht* hinten reduziert *sein.* Wappnet *er sich gegen einen Angriff* hinten, dann *wird die Streitmacht* vorne reduziert *sein.* Wappnet *er sich gegen einen Angriff* links, dann *wird die Streitmacht* rechts reduziert *sein.* Wappnet *er sich gegen einen Angriff* rechts, dann *wird die Streitmacht* links reduziert *sein.* Wappnet *er sich gegen einen Angriff* überall, dann *wird die Streitmacht* überall reduziert *sein. Die Streitmacht des Feindes ist an jedem einzelnen Punkt* reduziert *und geschwächt, weil er seine Soldaten zur allseitigen* Wappnung *gegen die* feindlichen Männer *aufgeteilt hat. Meine Streitmacht* verfügt *im Vergleich zu jener des Feindes an bestimmten Punkten über eine* Mehrheit *an Soldaten, weil ich* ihn veranlasse, *sich überall gegen* mich *zu* wappnen. Weiß *man* daher *vorher Bescheid über den* Ort *des* Waffenganges, *und* weiß *man vorher Bescheid über den* Tag *des* Waffenganges, *weil man beides selbst vorausgeplant hat, ohne dass der Feind davon Kenntnis hat*, dann kann *man selbst von* tausend Meilen *herbeimarschiert sein* und doch *mit dem Feind siegreich einen* Waffengang austragen. Weiß *man vorher* nicht *Bescheid über den* Ort *des* Waffenganges *und* weiß *man vorher* nicht *Bescheid über den* Tag *des* Waffenganges, dann vermag *während des Waffenganges der* linke *Flügel* nicht *dem* rechten *Flügel zu Hilfe zu* eilen, *und der* rechte *Flügel* vermag nicht *dem* linken *Flügel zu Hilfe zu* eilen, *der* vordere *Teil der Armee* vermag nicht *dem* hinteren *Teil der Armee zu Hilfe zu* eilen, *und der* hintere *Teil der Armee* vermag nicht *dem* vorderen *Teil der Armee zu Hilfe zu* eilen. Wie *tritt doch diese Hilflosigkeit der feindlichen Armee* erst recht *dann zutage, wenn ihre* weit *weg voneinander agierenden Truppenteile* einige zehn Meilen *und ihre* nahe *beieinander agierenden Truppenteile* mehrere Meilen *voneinander entfernt sind*!

6.3. *So wie* ich es einschätze, *verfügt der feindliche* Mann *in* Yue[4] zwar *über* viele Soldaten, wie *sollte dies aber auch angesichts der oben geschilderten Möglichkeiten, eine große feindliche Streitmacht zu zersplittern*, für *einen* Sieg *von* Nutzen *sein*?

6.4. Darum heißt *es*: *Ein* Sieg ist *mittels der Herbeiführung von den Feind aufspaltenden Kräftekonstellationen gestützt beispielsweise auf die oben geschilderten Maßnahmen* machbar. *Der* Feind *mag* zwar *über eine* Menge *Soldaten verfügen, aber man* kann *ihn in eine Konstellation* versetzen, *in der er* keine Kampf*kraft mehr* hat. Daher *gilt: Man* versetzt ihm *mit kleinen Truppen einzelne* Schläge, um *aufgrund seiner Reaktionen das* Wissen *darüber zu erlangen, welche feindlichen* Planungen gekonnt *und welche* fehlerhaft *sind. Man* kundschaftet *ihn aus*, um *das* Wissen *darüber zu erlangen, nach welchen* Regelmäßigkeiten *er* agiert. *Man* zeigt ihm *Trug*gebilde, *um aufgrund seiner Reaktionen das* Wissen *darüber zu erlangen, wo seine Schwach*stellen *liegen und ihm daher der* Todes*stoß versetzt werden kann, und wo seine starken Stellen liegen und* *daher bei einem Angriff sein* Überleben *gesichert wäre. Man* nimmt ihn *links und rechts in einem Testangriff in die* Zange, *um aufgrund seines Widerstandes das* Wissen *über seine* reichlich *und seine* ungenügend *geschützten* Stellen *zu erlangen.* Erreicht *man* im *Vorgaukeln von Trug*gebilden, *die den Feind in die Irre führen, den* Gipfelpunkt, *dann* bringt *man es* fertig, *selbst* keine Spuren *zu* hinterlassen. Hinterlässt *man* keine Spuren, dann vermögen *selbst* Meisterspione nichts auszukundschaften, *und selbst ein* weiser *Feind* vermag keine *listigen* Planungen auszuhecken. *Habe ich*, gestützt *auf die Kenntnis der die Leere und Fülle beim Feind offenlegenden* Spuren, Maßnahmen ergriffen *und* vor *den Augen der* vielen *Soldaten den* Sieg errungen, *dann sind die* vielen *Soldaten doch* nicht imstande, *das Geheimnis meines Erfolges zu* wissen. *Die* Männer wissen *zwar alle Bescheid über die* Situation[5], *in der* ich gesiegt *habe*, aber *sie* wissen nicht, wie ich *die* sieg*bringende* Situation herbeigeführt *habe. Man* kann *die auf eine bestimmte Situation abgestimmten Maßnahmen, dank denen man den* Sieg *in einem* Waffengang errungen *hat*, nicht wiederholen, sondern *man* sollte *sie* entsprechend *den Veränderungen der* Situationen endlos *variieren.*

6.5. Die Formen *der* Krieg*führung* gleichen *jenen des* Wassers. *Was das* Fließen *des* Wassers *anbelangt, so* meidet *es die* Höhe *und* stürzt *nach* unten. *Was die* Formen *der* Krieg*führung anbelangt, so* meidet *sie die* Fülle *und* stößt gegen *die* Leere *vor. Das* Wasser formt *die Geschwindigkeit und die Richtung seines* Fließens entsprechend *der Beschaffenheit des* Bodens. *Im* Krieg *formt der Feldherr die Maßnahmen zur* Erringung *des* Sieges entsprechend *den sich verändernden Situationen beim* Feind. Daher gibt *es für die* Krieg*führung* keine ewig *unveränderliche* Konstellation, *so wie es für das* Wasser keine ewig *unveränderliche Fließ*form *gibt. Wer* entsprechend *den* Veränderungen *beim* Feind *unterschiedliche Maßnahmen zu* ergreifen und *so den* Sieg *zu* erringen vermag, den bezeichnet *man als* Genius. *Was die* fünf Wandlungszustände[6] *anb*elangt, so gibt es für keinen von ihnen den ewigen Sieg. Was die vier Jahreszeit*en anbelangt, so gibt es für* keine *von ihnen einen* ewigen *Still*stand. *Was die* Sonne *angeht, so scheint sie manchmal* kurz *und manchmal* lang. *Was den* Mond *angeht, so* nimmt *er bald* ab, *bald* nimmt *er* zu. *So wie diese Naturerscheinungen in einem ständigen Fluss sind, verändern sich auch die Stellen feindlicher Fülle und feindlicher Leere in einem Krieg unaufhörlich, was einen Genius in den Stand versetzt, immer eine Durchbruchsstelle für einen Sieg zu finden.*

7. Kapitel: *Das* Ringen *der* Armee*n*

7.1. Meister Sun sagt: Allgemein *gilt gemäß den* Regel*n betreffend den* Armeeeinsatz: *Der Feldherr* empfängt vom Fürst*en einen* Befehl, *er* hebt *eine* Menge *von Soldaten aus*, stellt *eine einträchtige* Armee *auf, führt die Armee auf das Kampfgelände*, schlägt *ein* Lager *auf und* bezieht *dem Feind gegenüber kampfbereit* Stellung, *aber* nichts *ist vor einem Waffengang* schwierig*er*, als *beim* Ringen *der eigenen und feindlichen* Armee*n um die für den Waffengang günstigstmöglichen Bedingungen das Kommando zu führen. Die* Schwierigkeit *beim* Ringen *der* Armee*n um die für den Waffengang günstigstmöglichen Bedingungen* besteht *erstens darin, den klaren Durchblick zu haben, um einen geeigneten* Umweg *als den* gerade*n* Weg *ausfindig zu machen und zu* behandeln *und demgemäß auf dem infolge feindlicher Leere gefahrlosen Umweg schneller ans Ziel zu gelangen als auf dem infolge feindlicher Fülle gefahrvollen geraden Weg, und zweitens darin, über das richtige Augenmaß zu verfügen, um angemessene* Einbuß*en als* Vorteile *zu* behandeln *und daher gewisse Beschneidungen des Heeresumfangs in Kauf zu nehmen, um dafür an Marschgeschwindigkeit zu gewinnen.*

7.2. Daher windet *und wendet der Feldherr* seine*n* Weg *zum Waffengang mit dem Feind* und lockt ihn durch *ihm dargebotene* Vorteile *in die Irre, so dass dieser bei seinem Vormarsch Zeit verschwendet. So kann man* nach *den feindlichen* Männer*n* aufbrechen *und trotzdem* vor *den feindlichen* Männer*n auf dem Gefechtsfeld* eintreffen. Das *bedeutet, dass man das* Kalkül *betreffend den Gebrauch eines* gekrümmte*n Umweges anstelle eines* gerade*n Weges zu meistern* weiß. Wer vorneweg *das* Kalkül *betreffend den Gebrauch eines* gekrümmte*n Umweges anstelle eines* gerade*n Weges zu meistern* weiß, siegt. Das *ist die* Vorgehensweise *beim* Ringen *der* Armeen *um die für den Waffengang günstigstmöglichen Bedingungen. Das* Ringen *der eigenen* Armee *mit der feindlichen Armee um die für den Waffengang günstigstmöglichen Bedingungen ist, falls klug ausgeübt*, nutzbringend, *aber das* Ringen *der eigenen* Armee *mit der feindlichen Armee um die für den Waffengang günstigstmöglichen Bedingungen kann, falls unklug ausgeübt, auch* gefährlich *sein.* Bietet *man die ganze* Armee *einschließlich des Trosses* auf, um *die für den Waffengang* günstig*stmöglichen Bedingungen zu* erringen, dann *wird man, da man zu langsam vorankommt, das Ziel* nicht erreichen. Lässt *man die Habseligkeiten der* Armee *zurück, um mit leichten Truppen schneller die für den Waffengang* günstig*stmöglichen Bedingungen zu* erringen, *dann läuft man Gefahr, den* Tross *zu* opfern. *Aus* diesem Grund *gilt: Ziehen die Soldaten ihre* Panzer *aus und* binden *sie mit Schnüren* um, um schneller voranzukommen, legen *sie* Tag *und* Nacht nicht Halt ein, verbinden *sie Tag- mit Nachtmärschen und* legen *die verglichen mit dem üblichen Soll* doppelte Weg*strecke* zurück, *marschieren sie* hundert Meilen, *um die für den Waffengang* günstig*stmöglichen Bedingungen zu* erringen, dann *wird der Feind mit großer Wahrscheinlichkeit die* Kommandanten *der* drei Armeen gefangen nehmen. *Die* kräftigen *Soldaten werden* vorne *herbeistürmen, wohingegen die* müden *Soldaten* hinten *zurückfallen, und dann gilt* diese Regel[7], *nämlich dass nur* einer *von* zehn *am Ziel* ankommt. *Führt man über* fünfzig Meilen *einen Eilmarsch durch, um die für den Waffengang* günstig*stmöglichen Bedingungen zu* erringen, *dann wird mit großer Wahrscheinlichkeit der* Kommandant *der* Vorhuttruppe umkommen, *und es gilt* diese Regel, *nämlich dass nur die* halbe *Armee am Ziel* ankommt. *Führt man über* dreißig Meilen *einen Eilmarsch durch, um die für den* Waffengang günstig*stmöglichen Bedingungen zu* erringen, *dann werden nur* zwei Drittel *der* Armee *am Ziel* ankommen. *Aus* diesem Grunde *gilt*: Hat *eine Armee* keinen

Tross, dann geht *sie* unter, hat *eine Armee* kein*en* Proviant, dann geht *sie* unter, hat *eine Armee* kein Futter, dann geht *sie* unter.

7.3. Weiß *man über die* Planung*en der* viel*en* Fürst*en* nicht *Bescheid*, ist *man* nicht imstande, vor *einem Ringen um die für den Waffengang* günstig*stmöglichen Bedingungen im Hinblick auf die Gewinnung möglicher Bündnispartner mit ihnen in* Verbindung *zu* treten. Weiß *man über die* Form*en von* Berg*en und* Wälder*n*, Schlucht*en und* unpassierbar*em* Gelände, Sümpf*en und* Moor*en* nicht *Bescheid*, ist *man* nicht imstande, *die* Armee *in* Marsch *zu* setzen. Benutzt *man* kein*en* Wegführer, kann *man sich die* Vorteil*e der* Boden*formen* nicht zunutze machen. Krieg beruht auf List.[8] Im Hinblick auf *einen* Nutzen setzt *man die Armee in* Bewegung. *Die* Aufteilung *oder* Zusammenziehung *der Armee, mit der man auf die Veränderungen beim Feind und auf die sich wandelnden Kräftekonstellationen reagiert*, sind *die hauptsächlichen* Variant*en der Kriegführung. Für eine Armee gilt* daher *Folgendes:* Ihr schnell*er Vormarsch erfolgt* wie *mit der Geschwindigkeit eines Sturm*windes. Ihr langsam*er Vormarsch erfolgt in einer geordneten Ruhe* wie *jener in einem stillen* Wald. *Die* Beutezüge *im feindlichen Land erfolgen* wie *mit der Wucht einer* Feuersbrunst. *Eine Stellung hält die Armee so* unbeweglich wie *ein* Berg. *Über die gegnerische Armee Bescheid zu* wissen, *ist für den Feind so* schwierig, wie *die Sonne von einer* Schatten*lage aus zu erblicken. Ein* Vorstoß *der Armee erfolgt so plötzlich* wie *ein* Blitzschlag. Führt *man* Beutezüge *in feindlichen* Dörfer*n* durch, teilt *man die* Menge *der Soldaten auf und setzt sie auf unterschiedliche Beuteziele an*[9]. Weitet *man besetztes Gebiet* aus, teilt *man es* auf *und besetzt nur die* nutzbringend*en Landstriche*[10]. *Bei alldem* wartet *man, bis man die Vor- und Nachteile* abgewogen *hat*, um *erst dann* in Aktion *zu* treten.

7.4. Im Buch »Militärordinanzen«[11] heißt *es:* »*Die Befehlshaber* sprechen, *aber sie und die Soldaten* hören *sich* wechselseitig nicht, daher *benutzen die Befehlshaber* für sie, *die Soldaten*, Tromme*ln für Angriffssignale und* Gong*s für Rückzugssignale. Befehlshaber und Soldaten* spähen *aus*, sehen *sich aber* wechselseitig nicht, darum benutzen *die Befehlshaber* für sie Banner *und* Flagg*en*.« *Bei einem* Waffengang tagsüber benutzt[12] *man zum Kommandieren* Banner *und* Flagg*en*, *bei einem* nächtlich*en* Waffengang benutzt *man zum Kommandieren* Tromme*ln und* Gong*s*, [so *werden* abwechselnd *der* Männer Ohr*en und* Aug*en angesprochen*].[13] Tromme*ln und* Gong*s*, Banner *und* Flagg*en dienen dazu*, Ohr*en und* Aug*en der Soldaten* einheitlich aus*zu*richten. *Sind die Soldaten* einheitlich ausgerichtet *und gehorchen konzentriert den Signalen*, dann können *die* Mutig*en* nicht einzeln vorrücken, *und die* Ängstlich*en* können nicht einzeln zurückweichen. Dies *ist die* Methode *des* Einsatz*es einer großen* Menge *von Soldaten.*

7.5. Den drei Armee*n* kann *der Kampf*geist weggenommen *werden. Dem* Befehlshaber *der* Armee kann *der Kampfes*wille weggenommen *werden. Aus* dies*em* Grund *verhält es sich wie folgt*: Frühmorgens *ist der Kampf*geist schneidig, tags*über* erschlafft *der Kampf*geist, *und am* Abend entschwindet *der Kampf*geist. Wer *sich also* gut *auskennt im* Einsatz *einer* Streitmacht, *der* weicht *dem Feind* aus, *solange* dessen *Kampf*geist schneidig *ist*, *und er* greift *ihn erst dann* an, *wenn* sein *Kampf*geist entschwunden *ist*. Dies *ist die Art und Weise, wie* man *als Feldherr den Kampf*geist *der feindlichen und der eigenen Armee* beherrscht. *Mit einer* geordnet*en eigenen Armee einer* chaotisch*en feindlichen Armee* entgegenzutreten *und mit einer die* Ruhe *bewahrenden Armee einer* unruhig*en feindlichen Armee* entgegenzutreten, dies *ist die Art und Weise, wie* man *als Feldherr die Gemütsregungen in den* Herz*en der Soldaten* beherrscht. Mit *einer Armee, die für einen Waffengang in* *ein* nahes *Gebiet marschiert ist, einem Feind, der für denselben Waffengang in ein* fernes *Gebiet marschieren musste,* entgegenzutreten, in ausgeruht*er Verfassung einem* erschöpft*en Feind* entgegenzutreten *und* in gesättigt*er Verfassung einem* ausgehungert*en Feind* entgegenzutreten, dies *ist die Art und Weise, wie* man *als Feldherr die Körper*kräfte *in der eigenen und feindlichen Armee* beherrscht. *Er* blockiert nicht *eine mit einem* wohlgeordnet*en* Flagg*enwald marschierende Armee, und er* greift nicht *eine* tadellos aufgestellt*e Armee an.* Dies *ist die Art und Weise, wie* man *als Feldherr Lage*veränderungen beherrscht.

7.6. Die Regel*n betreffend einen* Armeeeinsatz *besagen: Befindet sich der Feind auf einer* Anhöhe, *dann stürme man* nicht aufwärts *gegen ihn an.* Hat *der Feind einen* Hügel *im* Rücken, *dann* gehe *man* nicht *frontal* gegen *ihn* vor. Spiegeln *feindliche Soldaten vor, geschlagen* auseinanderzustieben, *dann* folge *man ihnen* nicht. *Sind die feindlichen* Soldat*en* voll*er* Schneid, *dann* greife *man sie* nicht an. Soldat*en, die der Feind als* Köder *aussschwärmen lässt, um den Gegner hervorzulocken*, ergreife *man* nicht. *Einer auf dem* Rückmarsch *befindlichen* Armee stelle *man sich* nicht *unmittelbar in den* Weg. *Einer* umzingelt*en* Armee öffne *man* unbedingt *eine* Lücke *für den Abzug, um ihren Kampfgeist zu schwächen. Eine in eine* aussichtslos*e Lage geratene Feindes*bande treibe *man* nicht *bis aufs* Äußerste *in die* Enge, *denn sonst läuft man Gefahr, dass sie mit dem Mut der Verzweiflung den Kampf aufnehmen und unter Aufbietung übermenschlicher Kräfte der eigenen Armee große Verluste beibringen wird.* Dies *sind* Regel*n betreffend einen* Armeeeinsatz.

8. Kapitel: Neun *Lage*anpassung*en*

8.1. Meister Sun sagt: Allgemein *gilt gemäß den* Regel*n betreffend einen* Armeeeinsatz: *Der* Feldherr empfängt vom Fürst*en einen* Befehl, *er* hebt *eine* Menge *von Soldaten aus und* stellt *eine einträchtige* Armee *auf. 1. In einem* unwegsam*en* Gelände schlägt *er* kein Lager *auf.* 2. *Auf einem an mehrere Länder* anrainend*en* Gelände vereint *er sich mit den Verbündeten aus den angrenzenden Ländern. 3. In einem von der Umgebung* abgeschnitten*en lebensfeindlichen* Gelände verweilt *er* nicht. *4. Gerät er in ein* Gelände, *in dem man leicht* eingekesselt *werden kann*, dann erstellt *er* listige Plan*ungen gegen mögliche Umzingelungen. 5. Gelangt er in ein* Gelände, *aus dem es keinen Ausweg gibt und in dem man daher eigentlich dem* Tode geweiht *ist*, dann *lässt er es auf einen alles entscheidenden* Waffengang *ankommen. 6. Es* gibt Pfade, *denen man* nicht folgt. *7. Es* gibt Armee*n, die man* nicht angreift. *8. Es* gibt Städte, *die man* nicht angreift. *9. Es* gibt Gelände, *um das man* nicht ringt. *10. Es* gibt Befehl*e des* Fürst*en, die man* nicht entgegennimmt.[1]

8.2. Begreift *ein* Feldherr *die* Vorteil*e der* neun *Lage*anpassung*en, dann* weiß *er über einen* Armeeeinsatz *wirklich* Bescheid. Begreift *ein* Feldherr *die* Vorteil*e der* neun *Lage*anpassung*en an unterschiedliche Geländeformen* nicht, *dann mag er zwar über die* Geländeform*en Bescheid* wissen, *aber er* vermag nicht, *aus den* Vorteil*en der* Geländeform*en Nutzen zu ziehen. Wer* Soldat*en* befehligt, *aber die* Kunst *der* neun *Lage*anpassung*en* nicht begreift, *mag* zwar *über die* fünf Vorteile[2] *Bescheid* wissen, *aber er* vermag *aus dem Einsatz seiner* Männer kein*en* Nutzen *zu ziehen.*

8.3. Aus dies*em* Grund *gilt: Die* Überlegung*en eines* weis*en Feldherrn* vernetzen unbedingt *den* Nutzen mit *dem*

Schaden eines Entscheides. Tritt der Schaden eines Entscheides hervor, vernetzt der Feldherr in seinem Denken den Schaden mit dem damit verbundenen Nutzen, und dann können die fraglichen Belange gut vorankommen. Tritt der Nutzen eines Entscheids hervor, vernetzt der Feldherr in seinem Denken den Nutzen mit dem damit verbundenen Schaden, und dann kann drohendes Unheil ausgeschaltet werden. Aus diesem Grund gilt: Will man sich andere Fürsten gefügig machen, dann durch angedrohte Schädigungen. Will man erreichen, dass sich andere Fürsten aufreiben, dann durch gegen sie gerichtete Unternehmungen, auf welche sie mit großem Aufwand reagieren müssen. Will man die Fürsten zu etwas antreiben, dann durch in Aussicht gestellte Vorteile. Die Regeln betreffend einen Armeeeinsatz lauten mit Bezug auf den Feind: Ich verlasse mich nicht darauf, dass er nicht kommen wird, ich verlasse mich vielmehr darauf, dass ich über hinreichende eigene Vorkehrungen verfüge, auf die gestützt ich ihm jederzeit entgegentreten kann. Ich verlasse mich nicht darauf, dass er nicht angreifen wird, ich verlasse mich vielmehr darauf, dass ich über eine Stellung verfüge, in der ich nicht angegriffen werden kann.

8.4. Für einen Feldherrn gibt es fünf Gefahren: 1. Wer unbedingt tollkühn um Tod oder Leben kämpfen will, den wird der Feind töten können. 2. Wer unbedingt überleben will, den wird der Feind gefangen nehmen können. 3. Wer jähzornig und rasch aufbrausend ist, den kann der Feind durch Demütigungen reizen und so zu unkontrollierten Handlungen verleiten. 4. Wer in übertriebener Weise auf seine Lauterkeit und Reinheit Wert legt, den kann der Feind beispielsweise durch irgendwelche offengelegte schwarze Flecken in seiner Vergangenheit erniedrigen und dadurch derart aus der Fassung bringen, dass er wirre Gegenmaßnahmen ergreift. 5. Wer einseitig nur von Liebe für die seinem Schutz anheimgestellte Bevölkerung erfüllt ist, *den* kann *der Feind* plagen, *indem er ihn durch Einfälle zu ständigen Schutzoperationen zugunsten irgendwelcher Teile der Bevölkerung zwingt.* Jede dieser fünf *Gefahren stellt ein* Fehlverhalten *des* Feldherr*n dar. Dieses ist bei einem* Armeeeinsatz unheilvoll. *Eine* untergegangene Armee *und ein* getötete*r* Feldherr *können die* unausweichliche Folge *dieser* fünf Gefahre*n sein. Man* kann *sie* nicht ununtersucht *lassen.*

9. Kapitel: *Die* Armee *auf dem* Marsch

9.1. Meister Sun sagt: *Im* Allgemein*en gelten für die* Positionierung[1] *einer* Armee *und die* Beobachtung *des* Feindes *folgende Regeln: Bei der* Überquerung *von* Bergen *hält man sich* an Täler, *aber beim Aufschlagen eines Lagers* sucht *man ein über*lebens*sicherndes sonniges Gelände aus und* positioniert *die Armee in der* Höhe. *Hat der Feind bereits eine* Anhöhe erkämpft, *sollte man diese* nicht *zu* erklimmen *versuchen.* Dies *sind Regeln hinsichtlich einer im* Gebirge positionierten Armee. *Nach der* Überquerung *eines* Flusses[2] *positioniert man die Armee* fern *von dem* Fluss, *um sich so die volle Bewegungsfreiheit nach allen Richtungen hin zu sichern.* Überquert *der feindliche* Gast[3] *einen* Fluss und rückt *auf diese Weise* heran, *dann* empfange *man* ihn nicht, *indem man selbst* im Fluss, *etwa in Booten, Stellung bezieht, sondern dann* lässt *man erst einmal die* Hälfte *der feindlichen Armee den Fluss* überqueren und greift sie *dann von einer ihrer Sicht entzogenen rückwärtigen Stelle aus* an. *Das ist von* Vorteil. Wer *mit dem feindlichen* Gast, *der über einen Fluss setzen will, einen* Waffengang durchführen will, *der bezieht* nicht nahe bei*m* Fluss *Stellung*, um *ihn dort zu* empfangen, *denn dann wird der feindliche Gast gar nicht erst wagen, den Fluss zu überqueren, oder dazu nicht in der Lage sein, weil sein Widersacher mit seiner Armee das Ufer abblockt. Man* sucht *ein über*lebens*sicherndes sonniges Gelände aus und* positioniert *die Armee in einer* Höhe, *man sucht sich* nicht *eine Stelle aus, die der* Flussströmung *unmittelbar* ausgesetzt *ist, um dem Feind nicht die Möglichkeit zu verschaffen, den Fluss umzulenken und das Lager unter Wasser zu setzen.*[4] Dies *sind Regeln betreffend die* Positionierung *einer* Armee im *Umfeld eines* Gewässers.

Aus einem Salzwassermorast *oder* Sumpfgebiet, *das die Armee* durchquert, nun, *da* entfernt *man sich möglichst* rasch *und* verweilt *dort* nicht. *Stößt man* inmitten *eines* Salzwassermorasts *oder eines* Sumpfgebietes *auf eine feindliche* Armee, *dann sollte die eigene Armee in der* Nähe *von* Wasser *und* Schilf *und mit* Bäumen *im* Rücken Stellung *beziehen.* Dies *sind Regeln betreffend die* Positionierung *einer* Armee *in* Salzwassermorasten *oder* Sumpfgebieten. *In einem* ebenen, *flachen* Gelände *sollte die Armee an einer Stelle, von der aus der Waffengang insbesondere mit Streitwagen* leicht *durchgeführt werden kann,* Stellung beziehen, *wobei der* rechte, *also der wichtigste Flügel der Armee, eine* Anhöhe *im* Rücken *haben sollte*[5], *so dass* vorne *ein ebenes, für den Feind* todbringendes *Gelände liegt und* hinten *eine* Anhöhe *das eigene Überleben sichert.* Dies *sind Regeln betreffend die* Positionierung *einer* Armee *in* flachem Gelände. *Was* nun *den* Nutzen *dieser* vier *Regeln betreffend die je nach Gelände unterschiedliche Positionierung einer* Armee *angeht, so ist dieser Nutzen dadurch erwiesen, dass der* Gelbe Kaiser gestützt auf *sie die* vier Kaiser besiegt *hat.*[6]

Im Allgemeinen *gilt: Als Standort für ein* Armeelager liebt *man ein trockenes* Hochgebiet *und* verabscheut *ein feuchtes* Tiefland, *man* schätzt *ein* besonntes *Gelände und* missbilligt schattiges *Gelände. Man* positioniert *die Armee in einem* Gelände, *in dem die Soldaten und die Pferde ihre* Lebensgeister pflegen *können und das einen* festen *Rückhalt bietet*[7]. *So wird es in der* Armee keine *der* hundert[8] Krankheiten geben. Dies bedeutet, *dass die Bedingungen für einen* sicheren Sieg *erfüllt sind. Trifft die Armee auf einen* Hügel *oder* Damm, muss *man sie auf* dessen Sonnenseite positionieren, *wobei der* rechte Flügel, *also der wichtigste Armeeteil,* diesen, *also den Hügel oder Damm, im* Rücken *haben sollte.* Dies ist *für einen* Armeeeinsatz *von* Vorteil, *auf diese Weise genießt man den* Beistand *des* Geländes.

Fällt am Oberlauf *eines* Flusses *ein starker* Regen *nieder und braust darauf das* Wasser schäumend herbei, *dann soll die Armee, die den Fluss* überqueren will, *damit* warten, *bis sich* dessen Strömung *wieder* beruhigt *hat.*

Wann immer *ein* Gelände vorhanden *ist mit unüberwindbaren* Gießbächen, *mit* Himmelsbrunnenlöchern[9], *also* Gruben *voller Wasser, mit* Himmelsgefängnissen, *also leicht zugänglichen, aber ausweglosen Tälern, mit* Himmelsfangnetzen, *also kein Entkommen zulassendem Terrain, mit* Himmelsfallen, *also schlammigen Rutschwegen, und mit verwinkelten* Himmelsschluchten, entfernt *man sich* unbedingt schnell *von* ihnen, *man* nähere *sich ihnen* nicht. Ich halte *mich* fern *von* ihnen, *aber ich veranlasse den* Feind *dazu, sich* ihnen *zu* nähern. Ich habe sie vor *mir, aber ich manövriere den* Feind *in eine Lage, in der er* sie *im* Rücken hat. *Gibt es* seitlich *der marschierenden oder ein Lager aufschlagenden* Armee Bergabhänge, Abgründe, Wassergräben, Trichter, Schilf*gelände*, Wälder *und Areale mit* dichtem Graswuchs, *so* muss *man* es unbedingt gründlich *und* wiederholt untersuchen, *denn* dies *sind* Orte, *in denen feindliche Soldaten in einem* Hinterhalt liegen *oder feindliche* Spitzel *lauern könnten.*

9.2. Dreiunddreißig im Zeichen der Maxime »Das Gegenüber kennen« zu befolgende Regeln betreffend die Beobachtung einer feindlichen Armee. 1. Befindet *sich die feindliche Armee in der* Nähe und *nimmt* bewegungslos *eine abwartende Haltung ein, dann deshalb, weil* sie *sich auf ein schwer zugängliches* gefährliches *Gelände* abstützen *und daher in Sicherheit wiegen und auf einen für den Waffengang günstigstmöglichen Augenblick warten kann.* 2. Befindet *sich die feindliche Armee in weiter* Ferne und *versucht mit vorgeschobenen Stoßtrupps unsere Armee zu* reizen, *dann* wünscht *sie, dass unsere* Männer *leichtfertig* vorrücken *und dem in einem Hinterhalt liegenden Feind ins offene Messer laufen. 3. Ist das von* ihm in Beschlag genommene Gelände *nicht wie üblich schwer, sondern leicht zugänglich, dann deshalb, weil dies für ihn von irgendei-*

nem verborgenen Nutzen *ist, weshalb unsere Seite sich in Acht nehmen muss und sich zum Beispiel nicht zu einem möglicherweise in einen Hinterhalt führenden Angriff auf die feindliche Stellung verleiten lassen darf. 4. Sieht man bei Windstille, dass sich in einem Wald* zahlreiche Bäume bewegen, *dann weiß man, dass eine feindliche Armee* heranrückt, *wobei sie Bäume fällt, um sich den Weg zu bahnen, oder Bäume mit ihren Waffen berührt. 5. Sind in einem Gelände mit* dichtem Graswuchs zahlreiche Sperren *angebracht, dann will der Feind uns damit* argwöhnisch machen, *zum Beispiel, um uns von der Verfolgung des abrückenden Feindes abzuhalten. 6.* Steigen *plötzlich* Vögel auf, *deutet dies auf Männer in einem* Hinterhalt *hin. 7.* Stieben *plötzlich* Tiere *in* Panik *aus einem Wald davon, dann deshalb, weil eine feindliche Armee herbeistürmt, um uns zu* überrumpeln. *8.* Wirbelt Staub hoch und steigt *wie ein Pfeil* gerade auf, *dann* nahen *mit hoher Geschwindigkeit feindliche Kampf*wagen. *9. Schwebt der Staub* niedrig und *verteilt sich* breit, *dann nahen feindliche* Fußsoldaten. *10.* Verteilt *sich der Staub* und bildet *lange* Schwaden, dann deshalb, *weil feindliche* Brennholzsammler *Geäst hinter sich herziehen.*[10] *11. Ist* wenig *Staub zu sehen und* steigt *er bald* empor, fällt *bald* nieder, *dann wird für die feindliche* Armee *ein* Lager aufgebaut. *12.* Fahren zuerst leichte *Kampf*wagen *der feindlichen Armee* aus *und* halten *an deren* Flanken an, *dann zum Schutz der feindlichen Soldaten, die im Begriff sind, sich in* Schlachtordnung *aufzustellen. 13. Wird auf der feindlichen Seite unvermittelt* hin- *und* hergerannt *und werden die* Soldaten *hastig* in Schlachtordnung aufgestellt, *dann will der Feind einen bevorstehenden Kampfeinsatz* vortäuschen, *um in Wirklichkeit seine Flucht vorzubereiten.*[11] *14. Erweckt die feindliche Armee* halb *den Eindruck, sie wolle sich* zurückziehen, *und* halb *den Eindruck, sie wolle* vorrücken, *dann täuscht sie Unentschlossenheit oder Unordnung vor, um uns zu einer unvorsichtigen Aktion zu* verleiten. *15. Sind die* Worte *eines feindlichen Gesandten oder in einem feindlichen Brief* unterwürfig und verstärkt *der Feind gleichzeitig seine Kriegs*vorbereitungen, *dann will er uns, wenn wir, infolge seiner demütigen Worte eingelullt, nicht damit rechnen und nicht darauf eingestellt sind,* angreifen. *16. Sind die* Worte *eines feindlichen Gesandten oder in einem feindlichen Brief* hart und *erweckt der Feind den Eindruck, sein* Angriff stehe *unmittelbar* bevor, *dann bereitet er in Wirklichkeit seinen* Rückzug *vor. 17.* Ersucht *der Feind,* ohne *sich in einer* Notlage *zu befinden, um* Frieden, *dann steckt ein* Strategem *dahinter. 18.* Kommt *ein feindlicher Gesandter herbei und* leistet *in* gewunden*en Worten* Abbitte, *dann* will *sich der Feind eine* Ruhe*pause verschaffen. 19. Sind die feindlichen Soldaten so entkräftet, dass sie sich* hinstellen, indem *sie sich auf ihre Waffen* stützen, *dann ist das ein Zeichen dafür, dass sie an* Hunger *leiden. 20. Schöpfen feindliche* Wasserträger *Wasser aus einem Brunnen* und trinken, *bevor sie es an die Soldaten weiterreichen,* zuerst *davon, dann ist das ein Zeichen dafür, dass die feindliche Armee von großem* Durst *geplagt ist. 21. Wird die feindliche Armee einer* günstigen *Kampfgelegenheit* gewahr, greift aber nicht an, *dann ist das ein Zeichen dafür, dass die feindliche Truppe über*müdet *ist.* 22. Versammeln *sich* Vögel *auf den Zelten im feindlichen Lager, dann ist das ein Zeichen dafür, dass dieses* leer *ist und sich der Feind aus dem Staub gemacht und gegebenenfalls den Lagerplatz als Attrappe zur Ablenkung zurückgelassen hat. 23.* Rufen *sich die feindlichen Soldaten in der* Nacht *Warnungen zu, dann ist das ein Zeichen dafür, dass sich unter ihnen* Furcht *verbreitet. 24. Kommt es in der feindlichen Armee zu* Tumult*en, dann ist das ein Zeichen dafür, dass der* Feldherr nicht ernst genommen *wird. 25.* Bewegen *sich die* Flagg*en in der feindlichen Armee regellos* hin *und* her, *dann ist das ein Zeichen dafür, dass dort* Unordnung *herrscht. 26. Haben die* Offiziere *der feindlichen Armee* Wut*ausbrüche, dann ist das ein Zeichen dafür, dass die feindlichen Solda-*

ten dermaßen ermüdet *sind, dass sie den Befehlen nicht mehr gehorchen. 27. Werden in der feindlichen Armee* Pferde geschlachtet *und wird deren* Fleisch gegessen, *ist das ein Zeichen dafür, dass die feindliche* Armee keine Verpflegung *mehr* hat. *28. Sind im Feldlager der feindlichen* Armee keine aufgehängten Schöpfgefäße *mehr zu sehen, dann plant die zu einem Waffengang ausgeschwärmte feindliche Armee* keine Rückkehr *in* ihr Lager *und ist wie* eine in die Enge getriebene *Räuber*bande *zu einer Entscheidungsschlacht auf Leben und Tod entschlossen.* *29.* Redet *der feindliche Kommandant* ohne Unterlass, leise *und mit* verhaltener *Stimme auf seine* Männer ein, *dann ist das ein Zeichen dafür, dass er das Vertrauen der* Menge *seiner Soldaten* verloren *hat. 30. Wird in der feindlichen Armee eine große* Zahl *von* Belohnung*en verteilt, dann ist dies ein Zeichen dafür, dass der* Kommandant *am* Ende *ist und er die Soldaten mit kleinen Gunsterweisungen bei Laune halten will. 31. Wird in der feindlichen Armee eine* große Zahl *von* Strafe*n auferlegt, dann ist das ein Zeichen dafür, dass die Disziplin erschlafft ist und sich der Feind daher in* Schwierigkeite*n befindet. 32. Treibt der Feldherr seine Soldaten* erst brutal *an* und ängstigt *sich* danach *vor der* Menge seiner *Soldaten*[12]*, weil sie rebellieren könnten, dann ist das ein Zeichen für einen* Höchststand *an* Untüchtigkeit. *33. Zeigen die feindlichen* Soldate*n der gegnerischen Armee einen großen* Hass *und* treten ihr entgegen, *lassen dann aber* lange *Zeit verstreichen*, ohne *es zu einem* Gefecht *kommen zu lassen*, aber *auch* ohne abzuziehen, *dann* muss *man die Lage im Hinblick auf ein mögliches Strategem* gründlich untersuchen.

9.3. Bei einem Militär*einsatz sind nicht möglichst* viele *Soldaten von* Nutzen. *Man sollte nur* nicht unbesonnen, *ohne Beachtung der obigen Regeln betreffend die Feindbeobachtung*, angreifen, *und im Übrigen* genügt *es, die eigenen* Kräfte *zu* bündeln, Klarheit *über die Lage beim* Feind *zu* gewinnen *und sich die Unterstützung der eigenen* Männer *zu* sichern.[13] *Damit* hat sich's. Nun, wer ohne *sorgfältige* Planung*en vorgeht* und *den* Feind *auf die* leichte *Schulter nimmt, wird* bestimmt von *dessen* Männer*n* gefangen ge*nommen werden. Auferlegt der Feldherr* Soldat*en, die zu ihm* noch kein Zutrauen *haben und mit ihm noch* nicht *eng* verbunden *sind*, Strafe*n*, dann *werden sie ihm* nicht gehorchen. Gehorchen *sie ihm* nicht, dann *sind sie* schwer *zu* gebrauchen. *Haben* Soldat*en, die zu ihrem Feldherrn* bereits Zutrauen *haben und mit ihm eng* verbunden *sind, etwas Strafwürdiges begangen*, aber *wird die ihnen gebührende* Strafe *nicht* vollzogen, dann *wird er sie* nicht gebrauchen *können.* Daher schmiedet *der Feldherr sie* mittels ziviler *Tugend zusammen, indem er sie beim Drill und bei Befehlsvergaben mit Weisheit, Glaubwürdigkeit und Güte behandelt*, und richtet sie mittels militär*ischer Tugend* einheitlich aus, *indem er bei Disziplinlosigkeit Strenge walten lässt.*[14] *Über einen solchen Feldherrn kann man* sagen, *dass er* bestimmt siegen *wird. Erteilt der Feldherr beim militärischen Drill den Soldaten* Befehle *und werden diese* gewöhnlich ausgeführt, dann *werden* seine Männer, *wenn er sie im Ernstfall Befehle ausführen* heißt, bereitwillig folgen. *Erteilt der Feldherr beim militärischen Drill den Soldaten* Befehle *und werden diese* gewöhnlich nicht ausgeführt, dann *werden* seine Männer, *wenn er sie im Ernstfall Befehle ausführen* heißt, nicht folgen. *Der Grund, weshalb* Befehle gewöhnlich *strikt* vollzogen *werden, liegt darin, dass sich der Feldherr* und *die* Menge *der Soldaten* wechselseitig akzeptieren.

10. Kapitel: Geländeform*en*

10.1. Meister Sun sagt: *Was die* Geländeform*en angeht, so gibt es 1.* zugängliches *Gelände, 2. Gelände, in dem man* hängenbleibt, *3. der eigenen und der feindlichen Armee die Waage* haltendes *Gelände, 4. ein Talgelände mit* engen *Zugängen, 5. steil abfallendes* gefährliches *Gelände und 6. Gelände, das eine* weite *Entfernung zwischen dem Lager der eigenen und der feindlichen Armee begünstigt. Hierfür gelten folgende Regeln: 1. Ein Gelände, in das* ich *mühelos* gelangen und *in das feindliche* Gegenüber *mühelos* herkommen *können,* nennt *man* »zugänglich«. *Liegt eine leicht* zugängliche *Gelände*form *vor, sollte man als* Erster *eine erhöhte besonnte*[1] *Stelle mit freiem Blick nach allen vier Seiten* besetzen, *und man sollte für* reibungslose Nahrungs*nachschub*wege *sorgen.* Führt *man* unter *solchen Umständen einen* Waffengang durch, dann *wird er* nutz*bringend sein. 2. Ein Gelände, in das man leicht* gelangen, *aus dem man sich aber nur* schwer zurückziehen *kann,* nennt *man »ein Gelände, in dem man* hängen*bleibt«. Stellt man in einem Gelände von einer* Form, *dass man darin* hängen*bleibt, fest, dass der dort befindliche* Feind *auf einen Angriff* nicht vorbereitet *ist, dann kann man in dieses Gelände* ausrücken, *den Feind angreifen und* ihn besiegen. *Ist der dort befindliche* Feind *auf einen Angriff* vorbereitet, *wird man, wenn man in dieses Gelände* ausrückt *und den Feind angreift,* nicht siegen, *und es wird* schwierig *sein, sich aus dem Gelände* zurückzuziehen. *Somit ist ein Angriff* nicht *von* Nutzen. *3. Ein Gelände, in dem es für mich nicht von* Nutzen *ist, wenn* ich *dorthin* ausrücke *und dort den Feind angreife, und in dem es für das feindliche* Gegenüber *ebenfalls* nicht *von* Nutzen *ist, wenn es dorthin* ausrückt *und mich angreift,* nennt *man ein der eigenen und der feindlichen Truppe die Waage* haltendes *Gelände. In ein Gelände von einer* Form, *die dazu führt, dass es* *meiner und der feindlichen Truppe die Waage* hält, rücke ich nicht *aus*, selbst *dann nicht*, wenn *der* Feind *mich mit einem* Vorteil ködert. *Ich* führe *meine Armee so, dass der Feind, der sich in diesem Gelände befindet, glaubt, dass ich* es verlasse. *So* bewirke *ich, dass der* Feind *mit der* Hälfte *seiner Armee* ausrückt, worauf *ich überraschend aus einem Hinterhalt gegen* ihn *los*schlage. *Dieses Vorgehen ist von* Nutzen. *4. Was ein Talgelände, dessen* Form *durch* enge *Zugänge geprägt ist, angeht, so sollte* ich es vor *dem Feind* besetzen. *Was die engen Zugänge zu dem Tal angeht, so sollte ich* sie unbedingt *mit Soldaten* füllen, um *dann auf den Feind zu* warten. Hat *der* Feind es vor *mir* besetzt *und mit seinen Soldaten die engen Zugänge* gefüllt, *dann sollte ich ausgeschwärmten Soldaten, mit denen der Feind mich aus der Reserve locken will*, nicht folgen. *Hat der Feind die engen Zugänge* nicht *mit seinen Soldaten* gefüllt, dann *kann ich* ihm *in das Tal* folgen. *5. Was ein Gelände angeht, das von der* Form *her steil abfällt und* gefährlich *ist, so sollte* ich es *als* Erster besetzen *und* unbedingt *eine erhöhte besonnte Stelle besetzen*, um *dann auf den* Feind *zu* warten. Besetzt *der* Feind es vor *mir*, führe *ich die Armee* weg *und* verlasse es. *Ich* sollte *ihm* nicht *in das Gelände hinein* folgen. *6. Ist das Gelände von einer* Form, *dass das Lager meiner Armee und das feindliche Lager weit voneinander* entfernt *sind, und ist die* Konstellation *hinsichtlich Geländevorteilen und Truppenstärke beidseitig* ausgewogen, *dann ist es* schwierig, *den Feind zu einem* Waffengang *zu* reizen. Führt *man hier einen* Waffengang *durch*, dann *ist das* nicht *von* Nutzen. *Im* Allgemeinen *weist die Kenntnis um* diese sechs *Geländeformen den* Weg *zum Umgang mit dem* Gelände. *Für die Beachtung der sechs Regeln trägt der* Feldherr *die* höchste Verantwortung. *Er* kann *diesen Aspekt* nicht ununtersucht *lassen.*

10.2. Unter den einer Niederlage geweihten Armeen gibt *es* solche, *1. die bereits vor dem Beginn eines Waffengangs* wegrennen, 2. die nicht auf Draht sind, 3. die verheizt werden, 4. die auseinanderbrechen, 5. die in Unordnung geraten und 6. die geschlagen auseinanderstieben. Diese sechs Situationen sind nicht das Ergebnis himmlischer oder irdischer Naturkatastrophen, sondern die Folge von Fehlern des militärisch unkundigen Feldherrn. Nun, sind die Kräftekonstellationen eigentlich beidseitig ausgewogen, will der untüchtige Feldherr aber in Unkenntnis dieser Sachlage oder aufgrund eines zeitweiligen feindseligen Hassausbruchs mit einer kleinen Truppe gegen eine zehn Mal stärkere feindliche Truppe losschlagen, dann nennt man dies eine Konstellation, in der eine Armee bereits vor dem Beginn des Waffengangs wegrennt. Sind die Soldaten kampfstark, die Offiziere aber schwach und lassen günstige Gelegenheiten für einen Waffengang vorübergehen, dann nennt man dies eine Konstellation, in der die Armee nicht auf Draht ist. Sind die Offiziere stark, die Soldaten aber schwach, und stürmen daher allein die Offiziere auf den Feind los, dann nennt man dies eine Konstellation, in der die Armee verheizt wird. Begegnen höhere Offiziere, die voller Zorn auf den Feldherrn sind und ihm nicht gehorchen, dem Feind und führen dann hasserfüllt und selbstherrlich die Armee in einen Waffengang, und weiß der Feldherr nicht, dass er für Eintracht zu sorgen hat[2], dann nennt man dies eine Konstellation, in der die Armee auseinanderbricht. Ist der Feldherr schwach und übt keine strenge Führung aus, sind seine Anordnungen und Wegleitungen unklar, gelten für die Offiziere und Soldaten keine feststehenden Regeln und geht die Aufstellung der Soldaten längs und quer drunter und drüber, dann nennt man dies eine Konstellation, in der die Armee in Unordnung gerät. Kann der Feldherr keine Klarheit über die Leere und Fülle, die Stärken und Schwächen beim Feind erlangen, lässt er sich mit wenigen Soldaten in ein Gefecht mit einer Menge feindlicher Soldaten ein, schlägt er mit einem schwachen Verband gegen eine starke feindliche Streit-

macht los *und* verfügt *er beim Waffengang* nicht *über eine auserlesene* Vorhut *für einen Sturmangriff, so nennt man dies eine Konstellation, in der die Truppe geschlagen* auseinanderstiebt. *Im* Allgemeinen *weist die Kenntnis um* diese sechs *Konstellationen den* Weg *zum Wissen um die Gründe von* Niederlagen. *Für derartige Niederlagen ist der* Feldherr, *der sich eigentlich über Weisheit, Glaubwürdigkeit, Güte, Kühnheit und Strenge ausweisen sollte, im* höchsten *Maße* verantwortlich. *Er* kann *diese Konstellationen* nicht ununtersucht *lassen.*

10.3. Nun, *die* Geländeformen *dienen bei einem* Armee*einsatz nur als* Beistand. *In erster Linie kommt es nicht so sehr auf die Geländeformen als auf die Führungsfähigkeiten des Feldherrn an.* Klarheit *über die Leere und Fülle, die Stärken und Schwächen beim* Feind zu *gewinnen und dementsprechend Pläne zum* Bezwingen *des* Feindes zu *erstellen, Untersuchungen und* Berechnungen *anzustellen im Hinblick auf die* gefährliche *oder* leichte Zugänglichkeit *sowie* Ferne *oder* Nähe *von Gelände – das ist der* Weg, *den ein* herausragender Feldherr *beschreitet.* Wer *als Feldherr über* diese *Belange Bescheid* weiß und *dieses Wissen auf einen* Waffengang anwendet, *der wird* bestimmt *einen* Sieg erringen. *Wer als Feldherr über* diese *Belange* nicht *Bescheid* weiß und *dieses Wissen nicht auf einen* Waffengang anwendet, *wird* bestimmt *eine* Niederlage erleiden. *Ist* daher *für den Feldherrn absehbar, dass der* Weg *eines* Waffengangs *zum* sicheren Sieg *führt, dann* kann *er, selbst wenn der Landes*herr sagt, *es solle* kein Waffengang *stattfinden, entscheiden, es* müsse *ein* Waffengang durchgeführt *werden. Ist für den Feldherrn absehbar, dass der* Weg *eines Waffengangs* nicht *zum* Sieg *führt, dann* kann *er, wenn der* Landesherr sagt, *es solle* unbedingt *ein* Waffengang *stattfinden, entscheiden,* keinen Waffengang durchzuführen. Daher strebt *der gute Feldherr bei einem Vormarsch oder* Angriff nicht *nach* Ruhm, *und bei einem* Rückzug *geht er* *dem möglichen Vorwurf eines* Fehltritts nicht aus *dem* Wege. *Es geht ihm* allein *um den* Schutz *der* Bevölkerung *und der Soldaten*[3] *und darum, dem Landes*herrn *von* Nutzen *zu* sein. *Ein solcher Feldherr* ist *ein* Landesjuwel.

10.4. Behandelt *ein Feldherr seine* Soldat*en* wie Säuglinge[4], kann *er sich* mit ihnen *selbst* in *die* tief*sten* Schlucht*en* begeben. Behandelt *er seine* Soldat*en wie* geliebt*e* Söhne, kann *er, da sie ihn dann, beseelt von der Tugend der Sohnespietät, wie einen Vater achten und sich ihm willig unterordnen, gemeinsam* mit ihnen *in den* Tod *gehen.* Liebt *er sie allerdings allzu sehr, ist aber* unfähig, *sie zu* drillen *und zu trainieren, lässt er ihnen übermäßig väterliche* Großmut *zuteil werden, ist aber* unfähig, *ihnen* Befehl*e zu erteilen und diese durchzusetzen, ist er* unfähig, *in* Unordnung *geratene Soldaten zu* zügeln, *dann sind die Soldaten* vergleich*bar mit* verzogen*en* Söhn*en und* können nicht gebraucht *werden. Der Feldherr darf also nicht nur über Tugenden wie Güte verfügen, sondern er muss auch fähig sein, Strenge walten zu lassen. Güte ohne Strenge oder Strenge ohne Güte sind beides Fehlverhalten des Feldherrn.*

10.5. Weiß *ich zwar darüber Bescheid, dass* meine Soldat*en für einen* Angriff *eingesetzt werden* können, aber weiß *ich* nicht *darüber Bescheid, dass der* Feind *an der Stelle, an der ich ihn angreife,* unangreifbar *ist, habe ich also nicht abgeklärt, wo sich seine angreifbare Leerstelle befindet, dann werde ich nur bei der* Hälfte *meiner Waffengänge einen* Sieg *erringen.* Weiß *ich zwar über die Stelle, an der der Feind* angegriffen *werden* kann, *Bescheid,* aber weiß nicht *darüber Bescheid, dass* meine Soldat*en für einen* Angriff nicht *eingesetzt werden* können, *dann werde ich nur bei der* Hälfte *meiner Waffengänge einen* Sieg *erringen.* Weiß *ich über die Stelle Bescheid, an der der* Feind angegriffen *werden* kann, *und* weiß *ich darüber Bescheid, dass* meine

Soldaten *für einen* Angriff *eingesetzt werden* können, aber weiß *ich* nicht *darüber Bescheid, dass infolge der* Geländeform *ein* Waffengang nicht *durchgeführt werden* kann, *dann werde ich nur bei der* Hälfte *meiner Waffengänge einen* Sieg *erringen.* Wer daher *über einen* Armee*einsatz gut Bescheid* weiß, *weiß über sich selbst, über das Gegenüber und über die Geländeform Bescheid und* tritt *in* Aktion, ohne *je* blindlings *vorzugehen. Seine* Unternehmung*en sind in ihrem Variantenreichtum* unerschöpflich. Daher heißt *es:* Weiß *man über das* Gegenüber *Bescheid, und* weiß *man über* sich *selbst Bescheid*, dann *ist der* Sieg nicht *in* Gefahr. Weiß *man darüber hinaus über* Himmel *und* Erde *Bescheid, vermag also meteorologische, klimatische und topographische Gegebenheiten zu nutzen,* dann kann *der* Sieg vollkommen *makellos sein.*

11. Kapitel: Neun Gebiet*sarten*

11.1. Meister Sun sagt: *Die* Regel*n für einen* Armeeeinsatz *besagen: 1. Es* gibt *das die* Auflösung *der Armee begünstigende* Gebiet; *2. Es* gibt *das die Soldaten zu* Leicht*fertigkeit verleitende* Gebiet; *3. Es* gibt *das vom Feind und von mir unbedingt zu* erringend*e* Gebiet[1]; *4. Es* gibt *das mit dem Land des Feindes* zusammentreff*ende Grenz*gebiet; *5. Es* gibt *das an drei Nachbarländer* anrainend*e Grenz*gebiet; *6. Es* gibt *das grenzferne feindliche, die schnelle Rückkehr der Soldaten in ihre Heimat* erschwerend*e* Gebiet; *7. Es* gibt *das keinen Schutz gegen* vernichtend*e feindliche Schläge gewährleistende* Gebiet; *8. Es* gibt *das die Armee* einkesseln*de* Gebiet; *9. Es* gibt *das der nicht mit letztem Einsatz kämpfenden Armee* todbring*ende* Gebiet.

Diese neun Gebietsarten sind wie folgt zu behandeln: 1. Führt *ein* Lehnsfürst *auf* sein*em* eigen*en Landes*gebiet *einen* Waffengang durch, *dann* ist *dies ein die* Auflösung *der Truppe begünstigendes* Gebiet, *denn die Soldaten halten sich noch ganz in der Nähe ihrer Familien auf und sind infolge ihrer ständig zu ihren Lieben schweifenden Gedanken oder ihrer Angst vor ihre Familien heimsuchenden Unbilden nicht bei der Sache und daher fluchtanfällig.* 2. Dringt *der Lehnsfürst in ein* Gebiet *des feindlichen an der Macht befindlichen* Mannes ein, *stößt* aber nicht *sehr* tief *vor, dann* ist *dies ein* Gebiet, *das die Soldaten zu* Leicht*fertigkeit verleitet, da ihre Gedanken immer noch ihrer nahen Heimat zugewandt sind. 3. Ein* Gebiet, *das dann, wenn* ich es einnehme, *für mich von* Nutzen *ist, und das dann, wenn es das* Gegenüber einnimmt, *für es ebenso von* Nutzen *ist,* ist *ein* unbedingt *zu* erringend*es* Gebiet. *4. Ein* Gebiet, *in das* ich gelangen kann *und zu dem auch das feindliche* Gegenüber herkommen kann, ist *ein mit dem Land des Feindes* zusammentreff*endes Grenz*gebiet. *5. Grenzt das* Gebiet *eines* Lehnsfürst*en insgesamt an zu* drei Fürstentümern gehörende Gebiete an, handelt es sich also um ein Vierländereck, so dass der, der es zuerst erreicht, die Unterstützung der Bevölkerungsmenge in den sich unter dem Himmel ausbreitenden Grenzgebieten erlangen und die Lehensfürsten der angrenzenden Länder als Bundesgenossen gewinnen kann, dann ist das ein anrainendes Gebiet. 6. Ein Gebiet des feindlichen an der Macht befindlichen Mannes, in das ich mit meinen Soldaten so tief eingedrungen bin, dass ich bereits viele Städte und Dörfer des feindlichen Landes in meinem Rücken habe, ist ein die schnelle Rückkehr der Soldaten in ihre Heimat erschwerendes Gebiet. 7. Berge und Wälder, gefährliche und hindernisreiche Landstriche, Sumpfgebiete und Teiche mit durchweg schwer begehbaren Wegen sind Gebiete, die keinen Schutz gegen vernichtende feindliche Schläge gewährleisten. 8. Ein Gebiet, zu welchem die Zugänge eng sind, in welchem die Wege, denen man bei einem Rückzug folgen muss, verwinkelt sind und in welchem das Gegenüber, unter Ausnützung der Geländevorteile, mit wenigen Soldaten gegen meine in großer Menge vorhandenen Soldaten erfolgreich loszuschlagen vermag, ist ein die Armee einkesselndes Gebiet. 9. Ein Gebiet, in welchem man nur dann überlebt, wenn man schnell und heftig einen Waffengang durchführt, und in welchem man dann verloren ist, wenn man nicht schnell und heftig einen Waffengang durchführt, ist ein todbringendes Gebiet.

Ein auf eines dieser Gebiete geratender Feldherr sollte sich an folgende Regeln halten: 1. Ist es ein die Auflösung der Armee begünstigendes Gebiet, dann sollte er nicht leichtfertig einen Waffengang durchführen. 2. Ist es ein grenznahes feindliches, die Soldaten zu Leichtfertigkeit verleitendes Gebiet, dann sollte er dort nicht verweilen, sondern tiefer in das feindliche Land eindringen. 3. Ist es ein zu erringendes Gebiet, dann sollte er es als Erster erobern; hat es der Feind bereits eingenommen, dann sollte er ihn dort nicht angreifen, sondern es ihm mit Stratege-

men zu entreißen versuchen. 4. Ist es ein mit dem Land des Feindes zusammentreffendes *Grenz*gebiet, dann *sollte er mit einer hier stationierten Streitmacht dafür sorgen, dass der Feind den eigenen Nachschubweg* nicht unterbricht. *5. Ist es ein* anrainendes Gebiet, dann *sollte er sich vor einem Waffengang erst mit den Fürsten der Nachbarländer* zusammenschließen *und einen guten* Verkehr *mit ihnen* pflegen. *6. Ist es ein grenzfernes feindliches, die schnelle Rückkehr der Soldaten in ihre Heimat* erschwe*rendes* Gebiet, dann *sollte er zur Sicherung der eigenen Verpflegung* Plünderungen durchführen. *7. Ist es ein keinen Schutz gegen* vernichtende *feindliche Schläge gewährleistendes* Gebiet, dann *sollte er rasch* wegmarschieren. *8. Ist es ein die Armee* einkesselndes Gebiet, dann *sollte er gegen den Feind mit* Strategemen vorgehen, *sei es, um sich gegen eine Umzingelung zu schützen, sei es, um umgekehrt den Feind zu umzingeln. 9. Ist es ein der nicht mit letztem Einsatz kämpfenden Armee* todbringendes Gebiet, dann *muss er einen* Waffengang *auf Tod und Leben* durchführen.

11.2. Die Feldherren in alter Zeit, von denen es heißt, *dass sie sich* gut *in einem* Armeeeinsatz *verstanden*, vermochten *Folgendes* zustande *zu* bringen: *Dadurch, dass sie einen überraschenden Schlag gegen die* Männer *der* feind*lichen Armee unternahmen, konnten deren* vordere *und* hintere *oder deren linke und rechte Teile* einander nicht *mehr* erreichen, *konnten* große *und* kleine *Armeeverbände sich* nicht *mehr* aufeinander verlassen, *konnten* Offiziere *und* Soldat*en* einander nicht *mehr zu Hilfe* eilen, *konnten* höhere *und* niedere *Armeeverbände* miteinander keine *Verbindung aufrecht*erhalten, *konnten* Soldaten, *die sich* zerstreut *hatten*, nicht *mehr* zusammengezogen, *und konnte die* Armee, *falls sie wieder* eingesammelt *wurde*, nicht *mehr* ordentlich aufgestellt *werden. Diese Vorgehensweise der tüchtigen Feldherren der alten Zeit entspricht der*

Regel, dass man, wenn es dem eigenen Nutzen entspricht, handelt, *und, wenn es* nicht *dem eigenen* Nutzen entspricht, einhält.

Darf man die Frage wagen: Wie *soll man den* Feind, *der mit einer* Menge *Soldaten, in Reih und Glied* geordnet, *in der Absicht anzugreifen* heranrückt, behandeln? *Die Antwort* lautet: Bevor *er angreift,* entreißt *man ihm* etwas, das er liebt[2] und *von dem er abhängt wie etwa Nahrungsspeicher,* dann *wird er* wohl *auf die Anordnungen des Angegriffenen* hören.

Aus den besonderen Umständen *eines* Armee*einsatzes ergibt sich, dass das Haupt*gewicht *auf der* Schnell*igkeit liegt, dass man für einen Schlag gegen die feindlichen* Männer *eine Gelegenheit* ergreift, *in der sie noch gar nicht* zur *Besinnung gekommen sind, dass man* Wegen folgt, *an die sie* nicht denken, *und dass man sie an einer* Stelle angreift, *an der sie* nicht *auf der* Hut *sind.*

11.3. Wann immer *ein Feldherr den* Weg *des* Gastes *wählt und* tief *in ein feindliches Gebiet* eindringt, dann *bleibt den Soldaten in dem ringsum feindlichen und heimatfernen Umfeld nichts anderes übrig, als sich* voll *und* ganz *auf den Feldzug* einzustellen, *was eine derart hohe Kampfkraft zur Folge hat, dass der* Gastgeber, *also der das fremde Gebiet verteidigende Herrscher, die Armee des Gastes, also des Eindringlings,* nicht bezwingen *kann, weil seine Armee im eigenen, die* Auflösung *der Armee begünstigenden Gebiet operiert. Um die Schwierigkeiten mit dem Transport von Lebensmitteln aus dem fernen Ursprungsland auszugleichen,* führt *der Gast* in *den* fruchtbaren Landstrichen Plünderungen durch, *so dass die* drei Armeen genügend Nahrung *haben.* Umsichtig *hegt und* pflegt *der Feldherr die wegen des langen Anmarsches erschöpften Soldaten und setzt sie* keiner Überanstrengung *aus. Er* baut *ihren Kampf*geist auf *und lässt sie ihre* Kräfte sammeln. *Er* gestaltet *die Aufstellung der* Streitmacht *um und* leitet Strategeme in die Wege, *so dass* vom *Feind* nicht durchschaut *werden kann, was er im Schilde führt.*

11.4. Versetzt *der Feldherr* sie, *die Soldaten, an einen* Ort, *von dem aus sie* nicht weggelangen *können, dann werden sie in einem Verzweiflungskampf lieber* sterben *und auch* nicht einen kurzen *Augenblick lang* erwägen, auseinanderzustieben. *Lässt der Feldherr die Soldaten dem* Tod *ins Antlitz sehen*, wie *könnte er es da* nicht erreichen, *dass seine* Männer *auch noch ihre* allerletzten Kräfte aufbieten, *um dem Tod zu entrinnen?* Geraten die Soldaten *ganz* tief *in eine* Gefahr *hinein*, dann *kommen sie nicht mehr dazu, sich zu* fürchten, *und sie werden mit letzter Entschlossenheit gegen den Feind kämpfen. Befinden sich die Soldaten an einem* Ort, von dem *sie* nicht weggelangen *können*, dann *wird das Sinnen und Trachten der Soldaten* fest *und entschlossen darauf gerichtet sein, auf Tod und Leben zu kämpfen. Sind sie* tief *in feindliches Gebiet* eingedrungen, dann *werden sie unverrückbar an ihre Armee* gebunden *sein.* Bleibt *den* Soldaten gar nichts anderes übrig, dann kämpfen *sie bis zum Letzten. Aus* diesem Grund erhöhen *in solchen Konstellationen die Soldaten, auch wenn man sie* nicht zur Ordnung ruft, *von sich aus die Kampf*bereitschaft. Ohne *dass man sie* fordert, erlangt *man ihren vollen Kampfeinsatz.* Ohne *dass man sie an Abmachungen oder Gelöbnisse* bindet, *scharen sie sich* eng *um ihren Feldherrn.* Ohne *dass man ihnen* Befehle erteilt, *kann man sich auf sie* verlassen. Verbietet *man* Glück *oder Unglück verheißende Wahrsagerei und* vertreibt *so alle daraus entstehenden* Bedenken, *dann werden die Soldaten, nicht von irgendwelcher Unruhe behelligt, auf den* Tod *zu*gehen *und* nirgendwo *hin*fliehen.

11.5. Erübrigen meine Soldaten *keinen Gedanken mehr für ihr* Hab *und* Gut, *dann* nicht *deshalb, weil sie ihr* Hab *und* Gut verabscheuen, *sondern, weil sie sich vollumfäng-*

lich auf einen Kampf um Leben und Tod einstellen. Erübrigen meine Soldaten *keinen Gedanken mehr für ihr* Leben, *dann* nicht *deshalb, weil sie ihr* Leben verabscheuen, *sondern weil sie verstehen, dass sie nur dann, wenn sie bereit sind, ihr Leben zu opfern, also auf Leben und Tod zu kämpfen, eine Chance auf Überleben haben. An dem* Tag, *an dem der Feldherr den* Befehl *zum Waffengang* verkündet, benetzen *die* Tränen *derjenigen* Soldaten, *die gerade* sitzen, *deren* Hemd *und die* Tränen *derjenigen Soldaten, die gerade* liegen, *deren* Wangen. *Aber sobald man* sie *in ein* Gebiet führt, *von dem aus sie* nicht weggelangen *können, haben sie die* Kühnheit *eines* Zhuan Zhu[3] *und* Cao Mo[4].

Wer *sich* also gut *im* Einsatz *einer* Armee *auskennt, setzt die Armee so ein, dass sie* mit Shuairan[5] vergleichbar *ist.* Shuairan *ist eine* Schlange *auf dem* Berg Changshan. Schlägt *man auf* ihren Kopf, dann schnellt *ihr* Schwanz *herbei, um dem Kopf beizustehen.* Schlägt *man auf* ihren Schwanz, dann schnellt *ihr* Kopf *herbei, um dem Schwanz beizustehen.* Schlägt *man auf* ihre Körpermitte, dann schnellen Kopf *und* Schwanz beide *herbei, um der Körpermitte beizustehen. Genauso sollten die verschiedenen Armeeteile ständig miteinander verbunden sein und einander beistehen. Darf man die* Frage wagen: Kann *man eine* Armee *in einem Waffengang so* einsetzen, *dass sie* wie Shuairan *agiert*? *Die Antwort* lautet: *Man* kann *es.*

Nun, Männer *aus dem Land* Yue und Männer *aus dem Land* Wu hassen einander.[6] *Aber* wenn *sie im* gleichen Boot *sitzen*, um über *einen* Fluss *zu* setzen, *werden* sie, *wenn das Boot unterwegs in einen* Sturm gerät, einander beistehen, *so* wie linke *und* rechte Hand einander beistehen, *wenn die jeweils andere Hand in Gefahr gerät.* Bindet *man die Kampf*rosse *zusammen, so dass sie nicht in alle Himmelsrichtungen auseinanderrennen können, und* gräbt *man die* Räder *der Kampfwagen in die Erde* ein *und verankert sie auf diese Weise, um so den festen Willen, vor dem Feind* *auf keinen Fall zurückzuweichen, sondern ihn auf Leben und Tod zu bekämpfen, zu bekunden, so ist dies* nicht hinreichend verlässlich. *Letzten Endes verlässlich ist nur die im Herzen der Soldaten wachzurufende unbedingte Kampfbereitschaft. Will man alle Soldaten,* mutige *wie feige, in Gleichschritt bringen, so dass sie* wie ein *Mann den Kampf aufnehmen, dann muss man hinsichtlich der Truppen*ordnung *den richtigen* Weg *einschlagen. Will man sowohl aus sogenannten* harten *Geländen wie Bergen und Hügeln als auch aus* weichen *Geländen wie Fluss- und Seengebieten Nutzen* ziehen, *dann muss man die für die neun* Gebiets*arten und sechs Geländeformen geltenden* Regel*n befolgen.*[7] Nehmen *sich* nun *unter einem Feldherrn,* der *sich* gut *in einem* Armeeeinsatz *auskennt, alle Soldaten bei der* Hand, *so dass sie sich gleichsam* wie ein *einziger* Mann einsetzen *lassen*[8], *so ist dies das Ergebnis einer vom Feldherrn herbeigeführten Konstellation, in der sie sich* gar nicht anders *verhalten* können.

11.6. Es ist Sache *des* Feldherr*n*, ruhig und unergründlich *sowie* geradlinig und *streng auf* Ordnung *bedacht zu sein. Er sollte* fähig *sein, mit dem Schleier der* Unwissenheit Aug*en und* Ohr*en der* Soldat*en zu* verhüllen, *so dass* sie *sich willig einsetzen* lassen, ohne *von den dem Einsatz zugrundeliegenden Plänen etwas zu* wissen, *womit Verrat oder unvorsichtige Enthüllungen dem Feind gegenüber ausgeschlossen sind. Er* ändert *häufig die Art der Regelung* seiner *militärischen* Angelegenheit*en und* erneuert *wiederholt* seine *listigen* Pläne, so dass *die* Männer *im eigenen und feindlichen Lager* nicht erkennen, *was er vorhat. Er* wechselt *immer wieder* seinen Stand*ort und* biegt *oft von* seinen Weg*en* ab, so dass *die* Leute *im eigenen und feindlichen Lager* nicht *in Erfahrung zu bringen* vermögen, *was er im* Sinn hat. *Zu dem* Zeit*punkt, in dem der* Feldherr sie, *also seine Soldaten, zu einem Waffengang* einsetzt[9], *finden sich die Soldaten in eine Lage versetzt, als ob sie eine* Höhe erklommen *hätten*, woraufhin *man ihnen die* Leiter *für den Abstieg* weggezogen *hat.*[10] [*Der Feldherr lässt die* Boote verbrennen *und die* Kochkessel zerschlagen, *damit den Soldaten in der dann eintretenden verzweifelten Lage nichts als der Kampf bleibt*][11]. Setzt *der* Feldherr *seine Soldaten zu einem Einmarsch* tief in *das* Gebiet *eines* Lehnsfürsten ein, *geschieht dies mit einer Schnelligkeit*, als ob *er von* seinem *Schieß*gerät *wie etwa einer Armbrust aus einen Pfeil* losschnellen *lässt.* Wie *ein Hirte seine* Schafherde antreibt, treibt *der Feldherr die Soldaten bald in der Weise an, dass sie an einen bestimmten Ort* gehen, *bald in der Weise, dass sie von einem bestimmten Ort* herbeikommen, *wobei sie* nicht wissen, wohin *es letztlich* geht. *Die* vielen *Soldaten der* drei Armee*n* zusammenzuziehen *und* sie *in ein* gefährliche*s Umfeld zu* versetzen – dies *ist* Sache *des* Feldherr*n.*

11.7. Die *den* neun Gebiet*sarten entsprechenden La*geanpassung*en, der* Nutzen, *den man erzielt, indem man je nach Gebietsart im rechten Augenblick einerseits sich* zusammenzieht *und einrollt und zum Beispiel einen Rückzug antritt, anderseits sich* dehnt *und streckt und zum Beispiel einen Vorstoß unternimmt, sowie die für die je nach Geländeart wechselnden der menschlichen Natur entspringenden* Gemüts*regungen der Soldaten geltenden* Regel*n* – *diese drei Belange kann der Feldherr* nicht ununtersucht *lassen.*

11.8. Wann immer daher *der Feldherr den* Weg *des* Gastes *wählt, also in ein feindliches Gebiet eindringt, gilt Folgendes: Dringt er* tief *in das feindliche Gebiet ein*, dann *werden die Soldaten ganz* angespannt *sein. Dringt er nur* leicht *in das feindliche Gebiet ein*, dann *werden die Soldaten geistig* zerstreut *sein.* Verlässt *er das eigene* Land *und überschreitet die* Grenze, um *im anderen Land einen* Feldzug durchz*u*führen, *dann befindet er sich in einem vom eige-*

nen Land abgeschnittenen Gebiet. *Ein von* vier *Fürstentümern ausgehend unmittelbar* zugängliches *Gebiet ist ein an mehrere Länder* anrainendes Gebiet. *Feindesland, in das man* tief eingedrungen *ist, ist ein die schnelle Rückkehr der Soldaten in ihre Heimat* erschwerendes Gebiet. *Feindesland, in das man nur* leicht eingedrungen *ist,* ist *ein die Soldaten zu* Leicht*fertigkeit verleitendes* Gebiet. *Ist man im* Rücken abgeblockt *und* vor *sich einem* engen *Zugang ausgesetzt, ist es ein die eigene Armee* einkesselndes Gebiet. *Gibt es keinen* Ort, *zu dem* man hingelangen *könnte, ist es ein* tod*bringendes* Gebiet.[12]

11.9. Aus diesem Grund werde ich *in einem die* Auflösung *der Armee begünstigenden* Gebiet, *also im eigenen Landesinneren, wo ich mich gegen einen Angriff* des Feindes *mit meinen ständig an ihre Familien denkenden Soldaten verteidigen muss,* deren Willen einheitlich ausrichten *und auf einen günstigen Augenblick warten, um mit der einheitlich ausgerichteten Armee gegen den Feind vorzugehen. In einem die Soldaten zu* Leicht*fertigkeit verleitenden* Gebiet werde ich sie *zur* Eile anhalten.[13] *In einem unbedingt zu* erringen*den* Gebiet werde ich *die Soldaten dazu* antreiben, *die Armee des Feindes, die das Gebiet bereits besetzt hat, zu umgehen und in* dessen Rücken vorzurücken, *um ihn vom Nachschub abzuschneiden, so dass er gezwungen ist abzuziehen. In einem an das Land des Feindes* angrenz*enden* Gebiet werde ich umsichtig *die* Verteidigung *gegen* ihn *ausbauen. In einem an mehrere Länder* anrainen*den* Gebiet werde ich meine Bündnisse *mit den Lehnsfürsten der anrainenden Länder* festigen. *In einem die schnelle Rückkehr der Soldaten in ihre Heimat* erschweren*den* Gelände werde ich deren Verpflegung, *also die Verpflegung der Armee, ununterbrochen* aufrechterhalten. *In einem Gebiet, das keinen Schutz gegen* vernichtende *feindliche Schläge gewährleistet,* werde ich *die Armee schnell auf* ihren Weg bringen *und den Durchmarsch rasch* *vollziehen. In einem die eigene Armee* einkesselnd*en* Gebiet, *in dem mich der Feind umstellt hat*, werde ich *die von* ihm *offengelassene* Lücke, *durch die er die Moral meiner Truppe, die auf Fluchtgedanken gebracht werden soll, untergraben will*, absperren *und so den Willen der Soldaten darauf einstellen, auf Leben und Tod zu kämpfen. In einem* tod*bringenden* Gebiet werde ich ihnen *durch bestimmte Maßnahmen*[14] klarmachen, *dass sie* nicht *über*leben *werden, es sei denn, sie kämpfen unter Aufbietung auch noch der letzten Kräfte.*

11.10. Daher *verhält es sich mit den der menschlichen Natur entspringenden* Gemüts*regungen der* Soldat*en wie folgt: Sind sie* eingekesselt, dann *leisten sie erbitterten* Widerstand. Bleibt *ihnen gar* nichts anderes übrig, dann kämpfen *sie mit letztem Einsatz. Haben sie die Landesgrenzen* überschritten *und sind tief ins feindliche Gebiet eingedrungen, wo ihre Lage sehr gefährlich ist*, dann folgen *sie willig den Befehlen des Feldherrn.*

11.11. Wer *über die* Planung*en der* Lehnsfürst*en* nicht *Bescheid* weiß, kann *sich* nicht *mit ihnen* vors*orglich* verbünden. *Wer* nicht *Bescheid* weiß *über die* Form*en von* Berg*en und* Wälder*n*, gefährlich*en* Pässen *sowie* Sumpfgebiet*en und* Teich*en*, kann *eine* Armee nicht *in* Marsch setzen. *Wer* nicht *ortskundige* Führer benutzt, kann *aus den* gelände*bedingten* Vorteil*en* kein*en Nutzen* ziehen. *Die Armee eines Feldherrn, der auch nur über* ein*en dieser Belange*[15] nicht *Bescheid* weiß, ist nicht *die* Armee *eines künftigen, alle anderen Lehensfürsten überragenden* Hegemon*en*. Nun greift *die* Armee *eines künftigen* Hegemon*en ein* mächtiges Land an, dann *unter Ausnutzung der neun Gebietsarten so geschickt und überraschend, dass vom Feind die große* Menge seiner *Soldaten* nicht zusammengezogen *und keine wirksamen Verteidigungsmaßnahmen ergriffen werden* können. Setzt *die Armee eines künftigen Hegemo-*

nen durch die Demonstration ihrer Macht den Feind unter Druck, dann sind dessen Verbündete derart eingeschüchtert, dass er sich mit ihnen nicht zusammenzuschließen vermag. Aus diesem Grund strebt der Gebieter über die Armee eines Hegemonen nicht nach Verbündeten unter dem Himmel[16], er pflegt nicht sein Gewicht und seinen Einfluss in den anderen Fürstentümern unter dem Himmel, sondern vertraut gänzlich auf seine eigenen Kräfte und lässt die eigene Machtausstrahlung auf den Feind einwirken. So können dessen Städte eingenommen und kann dessen Land eine Niederlage beigebracht werden.

11.12. Um die Soldaten anzutreiben, verteilt der Feldherr von den regulären Vorschriften abweichende Belohnungen und auferlegt spontane Strafen, und er lässt außerhalb der üblichen Verordnungen liegende Befehle aushängen. Der Feldherr treibt die Menge der Soldaten in den drei Armeen in einer Weise an, dass er sie einsetzen kann, als wären sie ein einziger Mann. Treibt er sie zu kriegerischen Taten an, sollte er sie nicht über die Pläne, die er damit verfolgt, unterrichten. Treibt er sie durch in Aussicht gestellte Vorteile zu einer kriegerischen Tat an, sollte er sie nicht über deren mögliche Nachteile unterrichten. Versetzt er sie in ein Gelände, in dem der Untergang droht, dann werden sie in einem Waffengang derart gewaltige Kräfte mobilisieren, dass die weitere Existenz gesichert ist. Lässt er sie in ein Gelände hineingeraten, in dem sie dem Tod geweiht zu sein scheinen, dann werden sie in einem Waffengang derart gewaltige Kräfte aus sich herausholen, dass sie überleben. Nun, lässt der Feldherr die Menge der Soldaten in eine unheilvolle Lage hineingeraten, kann er den Sieg erringen und eine Niederlage vermeiden.

11.13. Bei der Verrichtung militärischer Angelegenheiten wie Angriff und Verteidigung, Vormarsch oder Rückzug, Hinterhalt und Feindverlockung, kommt es daher darauf *an, dass man beim* Feind *den falschen Eindruck erweckt,* entsprechend *dessen* Vorstellungen *vorzugehen, und dass man die gesamte Aufmerksamkeit des* Feindes *so auf* einen *Punkt* bündelt, *dass an einer feindlichen Stelle eine Leere entsteht. Nutzt der Feldherr die so entstandene feindliche Leere aus, kann er selbst nach einem Anmarsch über eine Entfernung von* tausend Meilen *den feindlichen* Feldherrn töten. *Über einen* solchen *Feldherrn* sagt *man, er sei* einer, *der* imstande *ist*, listenreich *eine Groß*tat *zu* vollbringen.[17] *An dem* Tag, *an dem das militärische* Regime anhebt, *an dem also der Entscheid über den Beginn des Feldzugs fällt,* versperrt *man die ins Land führenden* Zugänge, zerstört *die als Ausweise dienenden* Passierstäbchen, *so dass niemand das Land verlassen oder in das Land hineingelangen und als Spion des Feindes agieren kann, und lässt* dessen Gesandte nicht *mehr* ein *und* aus gehen, *damit diese nichts auskundschaften können. Man* schmiedet *mit größter Sorgfalt* Pläne *im Ahnen*tempel, *um erst danach die Kriegs*angelegenheiten *zu* vollbringen.[18] Tun *die* feindlichen Männer *einen* Spalt auf, *muss man diese Leere* rasch *ausnützen und durch sie in die feindliche Stellung* eindringen. *Danach muss man als* Erstes *die Stelle besetzen, die* er *am meisten* liebt, *und sollte sich* nicht mit ihm *über den Zeitpunkt eines Waffengangs* absprechen. *Man* wendet *die* Richtlinien[19] *der Kriegführung* entsprechend *den Lageveränderungen auf Seiten des* Feindes *biegsam an*, um *über die eigenen* Kriegsangelegenheiten *zu* entscheiden. *Aus* diesem Grund *verhält man sich* anfangs, *also im streng geheimen Stadium des Pläneschmiedens,* so still *und ruhig* wie *eine* Jungfrau, *so dass man von den* feindlichen Männern *nicht beachtet wird und sie nachlässig gleichsam eine* Türe öffnen. *Kaum ist das geschehen*, dann *stößt man so flink* wie *ein* fliehender Hase *vor, so dass der* Feind *gar* nicht *dazu* kommt, *sich zu* wehren.

12. Kapitel: Angriff *mit* Feuer*unterstützung*

12.1. Meister Sun sagt: Im Allgemeinen gibt *es* fünf *Arten des* Angriffs *mit* Feuer*unterstützung*. Erst*ens*: *Man* verbrennt Mensch*en*; zweit*ens*: *Man* verbrennt Vorräte; dritt*ens*: *Man* verbrennt *den* Tross; viert*ens*: *Man* verbrennt *Güter-, Geräte- und Waffen*depots; fünft*ens*: *Man* verbrennt Transporteinrichtungen[1] *wie* Tunnels[2] *und* Boote.[3]

12.2. Unternimmt *man einen Angriff mit* Feuer*unterstützung*, *müssen* unbedingt *bestimmte* Gerätschaft*en*[4] vorhanden sein. Alle *Behelfe zum Entfachen von Feuer wie* Zunder, Feuersteine *und dergleichen* sollten unbedingt früh genug *zur Verfügung stehen. Bei der* Entfesselung *eines Angriffs mit* Feuer*unterstützung muss der richtige* Zeit*punkt* vorliegen, *beim* Entfachen *von* Feuer *muss der richtige* Tag vorliegen. *Der richtige* Zeit*punkt liegt vor, wenn das* Wetter trocken *ist. Der richtige* Tag liegt vor, *wenn sich der* Mond *in den Mond*stationen Weidenkorb, Mauer, Flügel und Querholz am Wagen[5] befindet; *im* Allgemein*en sind es die im Zeichen* dieser vier *Mond*stationen *liegenden Tage, an denen* Wind aufkommt. *Bei* jed*em* Angriff *mit* Feuer*unterstützung* muss *man unbedingt* gemäß *den durch die* fünf *Arten des Angriffs mit Feuerunterstützung auf der feindlichen Seite eintretenden* Veränderung*en der Lage mit entsprechenden Angriffshandlungen* darauf reagieren. Bricht *das* Feuer innerhalb *des feindlichen Lagers oder der feindlichen Stadt* aus, dann *sollte man* frü*hestmöglich an der entsprechenden Stelle von* außen darauf reagieren *und die beim Feind ausgebrochene Unordnung für einen Angriff nutzen*. Bricht *beim Feind das* Feuer aus, *bleiben* dessen Soldaten aber ruhig, *weil sie möglicherweise vorbereitet sind und vielleicht einen Hinterhalt gelegt haben, sollte man* warten und nicht *sofort* angreifen. *Man wartet, bis die* Kraft dieses Feuer*s auf dem* Höhepunkt angelangt ist. *Ist dann die Lage beim Feind so, dass man angreifen* kann, dann greift *man* an. *Ist die Lage so, dass man* nicht *angreifen* kann, dann *lässt man es* bleiben. *Kann man nicht in den Bereich des Feindes eindringen und dort Feuer legen*, kann *das* Feuer außerhalb entfacht *werden. Dann* wartet *man* nicht *darauf, wie man* innerhalb *des feindlichen Lagers auf das Feuer reagiert, sondern man* entfacht es, *sobald der* Zeit*punkt günstig ist. Man sollte das* Feuer in Wind*richtung* entfachen, *man* sollte nicht gegen *die* Wind*richtung einen* Angriff *mit Feuerunterstützung durchführen. Weht der* Wind tags*über* lange, *wird er in der* Nacht abebben.[6] *Auf* jeden Fall muss *eine* Armee *über die durch die* fünf *Arten des Angriffs mit* Feuer*unterstützung hervorgerufenen* Lageveränderung*en Bescheid* wissen *und* gestützt auf Berechnung*en von windgünstigen Tagen* sich *selbst gegen einen feindlichen Feuerüberfall* schützen *oder sich für einen Angriff mit Feuerunterstützung an diese Tage halten.*

12.3. Unterstützt *man* daher mit Feuer *einen* Angriff, *ist die Wirkung* offensichtlich. Unterstützt *man* mit Wasser *einen Angriff, ist die Wirkung* stark. *Mittels* Wasser kann *man feindliche Heeresteile voneinander* abschneiden, *mittels* Feuer kann *man dem Feind Menschen und Güter* entreißen.[7]

12.4. Nun, *ganz allgemein gilt: in* Waffengäng*en* zu siegen *und feindliche Städte* anzugreifen *und* zu erobern, aber *die militärischen* Leistung*en* nicht *so* zu regeln, *dass sie nachhaltig abgesichert sind, ist* gefährlich. *Man* nennt *das* »überflüssige Perlfrans*en*«[8]. Daher sagt *man: Ein* klarsichtiger *Landes*herr *lässt sich nicht leichtfertig zu einem Kriegszug hinreißen, sondern durch*denkt ihn *mit größter Sorgfalt, und ein* guter Feldherr regelt ihn *mit größter Umsicht. Steht* nicht *ein echter, dauerhafter* Nutzen *in Aussicht*, tritt *man militärisch* nicht *in* Aktion, *kann* nicht *ein echter, dauerhafter Gewinn* erzielt *werden*, benutzt *man die Armee* nicht, *droht* nicht *eine echte, vitale* Gefahr, führt *man einen* Waffengang nicht *durch. Ein Landes*herr darf nicht wegen *einer* Zornes*aufwallung die* Armee aufbieten. *Ein* Feldherr darf *es* nicht wegen *eines* Wut*ausbruchs zu einem* Waffengang kommen lassen. Entspricht *es dem* Nutzen *des Landes*, dann tritt *man militärisch in* Aktion, entspricht *es* nicht *dem* Nutzen *des Landes*, dann nimmt *man von einer militärischen Aktion* Abstand. *Aus einer* Zornes*aufwallung* kann *man in eine Stimmung der* Freude zurückkehren, *aus einem* Wut*ausbruch* kann *man in eine Stimmung des* Frohmuts zurückkehren. *Ein* untergegangenes Land kann *aber* nicht *zum* Weiterbestand zurückkehren, *und ein* Toter kann nicht *zum* Leben zurückkehren. *Was* daher *einen Krieg anbelangt, so* geht *ein* klarsichtiger Fürst bedachtsam mit ihm *um, und ein* guter Feldherr *geht* wachsam mit ihm *um*. Dies *ist der zur* Sicher*heit des* Landes *und zur* Unversehrt*heit der* Armee *führende* Weg.

13. Kapitel: *Der* Gebrauch *von* Spion*en*

13.1. Meister Sun sagt: *Wann* immer *man eine* Armee *von* hunderttausend *Mann* aushebt *und zu einem* Feldzug *über* tausend Meile*n jenseits der Landesgrenzen* ausrücken *lässt, belaufen sich die* Ausgabe*n der Träger der* hundert Familiennamen *und die* Aufwendunge*n des* öffentliche*n* Haus*haltes*[1] *auf* täglich tausend Goldstücke. Landauf, landab[2] gerät *alles* aus den Fugen. Träge *und übermüdet, sind die Leute damit beschäftigt*, auf *den* Straß*en militärische Güter zur Front zu schaffen.* Nicht *mehr mit den* Angelegenheit*en ihrer Feldarbeit* befassen können *sich* hunderttausend[3] Familien. *Die eigene Armee* steht *der feindlichen Armee* mehrere Jahre *lang* gegenüber, um eine*s fernen* Tages *den entscheidenden* Sieg *zu erringen.* Und bei *all*dem geizt *man mit Ehren*rängen, Gehälter*n*, Gold *und* Kleinod*ien und bringt es nicht über sich, mit diesen Kostbarkeiten Spione zu gewinnen. Daher* weiß *man* nicht *Bescheid über die* Verhältnisse *beim* Feind, *was zur Folge hat, dass der Feldzug womöglich noch mit einer Niederlage endet, ja, dass das eigene Land untergeht. Ein derartiger Umgang mit dem Krieg ist der* Gipfelpunkt *der* Unmenschlichkeit. *Wer so unweise und unmenschlich handelt, ist* nicht *ein guter* Feldherr *seiner* Männer, *er ist* nicht *ein guter* Beistand *seines Landesherrn, er ist* nicht Herr *über den* Sieg[4].

Der Grund, warum ein klarsichtiger *Landes*fürst *und ein* fähiger Feldherr, *die militärisch in* Aktion treten und *die feindlichen* Männer *mit Sicherheit* besiegen, Leistung*en* erbringen, *aufgrund derer sie* über *die* Menge hinausragen, *liegt darin, dass sie* vor *ihren militärischen Unternehmungen über die Verhältnisse beim Feind Bescheid* wissen. *Das* vor *einer militärischen Unternehmung unerlässliche* Wissen *über die Verhältnisse beim Feind* kann *man* nicht *durch die Befragung von* Geister*n und* Götter*n* erlangen, *man* kann *es* nicht aus *vergangenen ähnlichen* Gegebenheit*en* ableiten, *man* kann *es* nicht anhand *von* Positionen der Gestirne[5] ermitteln. *Das vor einer militärischen Unternehmung unerlässliche Wissen über die Verhältnisse beim Feind muss man* unbedingt von Männer*n* erlangen, *und zwar von* solche*n*, *die wirklich über die* Verhältnisse *beim* Feind *Bescheid* wissen[6].

13.2. Also, *man kann* fünf *Arten von* Spione*n* einsetzen: *1. Es* gibt heimatliche Spione; *2. Es* gibt interne Spione; *3. Es* gibt umgedrehte Spione; *4. Es* gibt todgeweihte Spione; *5. Es* gibt überlebende Spione. *Setzt man* diese fünf *Arten von* Spione*n*, *die über* ihre *je getrennten* Wege nicht *Bescheid* wissen, *gleichzeitig*[7] *ein*, *dann* nennt *man* das *ein undurchschaubares gleichsam* göttliches Netzwerk. *Es ist* ein kostbare*r* Schatz *in den Händen des über die* Mensche*n des Landes herrschenden* Fürsten.

Was heimatliche Spione[8] *angeht, so setzt man sie auf den feindlichen Feldherrn an, wobei man sich auf* Männer *aus* dessen heimat*lichen Gefilden* stützt und sie einsetzt. *Was* interne Spione *angeht, so* stützt *man sich* auf beamtete Männer *möglichst unter der Befehlsgewalt des Feldherrn der feindlichen Armee* und setzt sie ein. *Was* umgedrehte Spione *angeht, so* stützt *man sich* auf sie *in ihrer Eigenschaft als* feindliche Spione, *die man entlarvt und durch Drohung oder Bestechung gefügig macht, so dass sie unter Beibehaltung ihres Status als feindlicher Spion dem Feind gegenüber für die eigene Seite tätig werden*, und setzt sie ein. *Was* todgeweihte Spione *angeht, so* konstruiere *ich eine* falsche Gegebenheit *und lasse sie* nach außen *sickern*, so dass mein Spion darüber *Bescheid* weiß, worauf *er die von ihm für richtig gehaltene Gegebenheit dem* Feind mitteilt, *der gestützt darauf eine militärische Aktion unternimmt, die prompt scheitert und ihm Verluste beibringt, wofür er meinen Spion als schuldig betrachtet und hinrichtet. Was die* überlebende*n* Spione *angeht, so werden sie zum Feind geschickt, damit sie dort die Verhältnisse auskundschaften,* *woraufhin sie es verstehen, lebend ins eigene Land* zurück*zu*kehren *und* Bericht *zu* erstatten.

Im Rahmen der Belange *der* drei Armeen *bringt man* niemand*em mehr* Hinwendung *entgegen* als *den* Spione*n, weil sonst die Gefahr droht, dass sie sich vor den Kopf gestoßen fühlen, untreu werden und zum Feind überlaufen. E*s gibt niemande*n, der* großzügig*er mit* Belohnung*en* bedacht *wird als die* Spione, *denn ohne außerordentliche Belohnungen lassen sie sich nicht einsetzen oder können womöglich gar vom Feind bestochen werden, und es sind* kei*ne* Belange geheim*er* als *jene betreffend die* Spione. *Wer* nicht *über* höchste Weisheit *verfügt, ist* nicht fähig, Spione *zu* benutzen, *denn er vermag nicht, das von ihnen erhaltene Nachrichtenmaterial wirksam auszuwerten, oder er misstraut zu Unrecht wertvollen von ihnen gelieferten Nachrichten. Wer* nicht *über* Güte *und* Verlässlichkeit *verfügt und so die Spione für sich einzunehmen versteht, ist* nicht fähig, Spione einz*u*setzen. *Wer* nicht *über ein ganz* feines *Gespür verfügt,* vermag nicht *festzustellen, was an den von* Spione*n* erlangt*en Nachrichten* wahr *und was falsch ist. Wie* heikel! *Wie* heikel! Kein Ort, *an dem* nicht Spione benutzt *werden. Wenn die* Spionagetätigkeit *noch* nicht ausgeführt *worden ist, aber* vorher *vom Spion jemandem zu* Gehör *gebracht wird, dann werden* alle *beide, der* Spion *und* derjenige, *dem er davon* berichtet *hat,* hingerichtet, *der Spion, weil er Geheimnisverrat begangen hat, und der von ihm Unterrichtete, damit es keinen Mitwisser gibt.*

Im Hinblick auf jede Armee, gegen die *man* vorgehen will, *auf jede* Stadt, die man angreifen will, *und auf jeden feindlichen* Mann, den *man* töten *will, muss man* unbedingt vorgängig *Bescheid* wissen *über die* Familiennamen *und* Vornamen[9] *der jeweils zuständigen* Befehlshaber *und der sie* links *und* rechts *umgebenden Leute sowie des* Empfangspersonals, *der* Torwächter und *seiner* Ratgeber; *ich* befehle meine*n* Spione*n*, sie unbedingt herausz*u*finden.

Man muss die feindlichen Spione, die zu uns zum Auskundschaften gekommen sind, herausfinden und sie ihren Schwächen und Vorlieben gemäß behandeln und sie beispielsweise mit großzügigen Gaben bestechen, um sie für die eigene Seite benutzen zu können. Man muss sie umlenken und bequem unterbringen, so dass sie im eigenen Lager bleiben. So kann der umgedrehte Spion gewonnen und benutzt werden. Gestützt auf das von diesem umgedrehten Spion erlangte Wissen über die Verhältnisse beim Feind ist man im Bilde darüber, welche Personen als heimatliche oder interne Spione in Frage kommen, und infolgedessen können heimatliche Spione und interne Spione gewonnen und eingesetzt werden.[10] Gestützt auf das von diesem umgedrehten Spion erlangte Wissen über die Verhältnisse beim Feind, kann man eine auf den Feind maßgeschneiderte falsche Gegebenheit konstruieren und den todgeweihten Spion veranlassen, sie dem Feind zu berichten. Gestützt auf das von diesem umgedrehten Spion erlangte Wissen über die Verhältnisse beim Feind, kann der überlebende Spion, der mit einem bestimmten Spionageauftrag in das feindliche Gebiet geschickt wird, seine Missionen mühelos erfüllen und wie zeitlich vorgesehen wieder in sein Land zurückkehren.

Was die Angelegenheiten betreffend den Einsatz der fünf Arten von Spionen betrifft, so darf nicht allein der Feldherr über diese Bescheid wissen, sondern auch der Landesherr muss unbedingt über diese Bescheid wissen, denn sonst bestünde die Gefahr, dass der Feldherr seine eigenen Absichten verfolgen und beispielsweise mit dem Feindesland kollaborieren könnte. Will man über die Aktivitäten der fünf Arten von Spionen Bescheid wissen, muss man sich unbedingt auf die umgedrehten Spione abstützen, denn sie spielen die wichtigste Rolle. Daher kommt man nicht umhin, die umgedrehten Spione reichlich zu belohnen.

13.3 In alter Zeit *ist der* Aufstieg *der* Yin-*Dynastie*[11] *dem Umstand zu verdanken, dass* Yi Zhi[12] unter *der* Xia-*Dynastie*[13] *die Rolle eines umgedrehten Spions ausgeübt hat, und der* Aufstieg *der* Zhou-*Dynastie*[14] *ist dem Umstand zu verdanken, dass* Yi Zhi[15] unter *der* Yin-*Dynastie die Rolle eines umgedrehten Spions ausgeübt hat. Nur ein* klarsichti*ger* *Landes*fürst *und ein* ausgezeichnete*r* Feldherr können *Personen mit* hoher Weisheit *als* Spion*e* einsetzen *und infolgedessen* unweigerlich große Leistung*en* vollbringen. Diese*r* *Einsatz von Spionen* ist *der* Angelpunkt *der* Krieg*führung*, gestützt *auf die von ihnen übermittelten Berichte* treten *die* drei Armee*n* *in* Aktion.

Anhang

Zu dieser Ausgabe

Der Titel des Buches

Das hier in deutscher Übersetzung vorgelegte Werk ist bisher vielfach in unserem Sprachraum veröffentlicht worden, und zwar stets mit Titeln, in denen die Wörter »Kriegskunst« und »Sunzi«, »Sun Zi« oder »Sun-tzu« vorkommen. In einer neuesten, verdienstvollerweise vom Kölner Sinologen Volker Klöpsch unter dem Titel *Sunzi. Die Kunst des Krieges* (Frankfurt a. M. / Leipzig 2009) besorgten Ausgabe des Werkes heißt es dazu, der Titel des Buches sei »besser mit ›Die Gesetze des Krieges‹ oder ›Das Regelwerk des Krieges‹ zu übersetzen, doch hat das Werk aufgrund der zahlreichen bereits vorliegenden Übersetzungen in westliche Sprachen, die alle von der Vorstellung einer ›Kunst‹ im Sinne der antiken Ars belli ausgehen, bereits einen solchen Bekanntheitsgrad erreicht, dass der Verlag den herkömmlichen Namen vorgezogen hat.«[1] Zum Wort »Kriegskunst« wäre anzumerken, dass es in dem grundlegenden Werk *Vom Kriege* von Carl von Clausewitz häufig vorkommt.

Eingefahrenen Gleisen ist nicht unentwegt zu folgen. So sollte es möglich sein, bei der Übersetzung des Buchtitels *Sun Zi Bingfa* statt von westlichen Vorstellungen von dessen chinesischem Sinn, den Volker Klöpsch zutreffend erfasst, auszugehen, denn sonst nimmt man bereits durch die Übersetzung des Buchtitels eine Verwestlichung des Werkes vor, indem man es in eine westliche Geistestradition einordnet. So verwandelt man tendenziell ein chinesisches in ein westlich anmutendes Werk. In der Begegnung mit »einem Text aus einer Tradition, die so verschieden von der unseren ist wie jene des klassischen Chinas, müssen wir unseren Geist und unsere Vorstellungswelt darin einüben, ihn in dessen eigenen Wegen des Denkens und Lebens einzuordnen«, sonst sei es »unvermeidlich, dass bloß unsere eigenen Überlegungen auf der Oberfläche der chinesischen Kultur erscheinen, wenn wir das, was uns kulturell nahesteht und wichtig ist, Oberhand gewinnen lassen, während wir aus Unachtsamkeit genau diejenigen eher exotischen Elemente übersehen, die für eine Würdigung chinesischer Unterschiede wesentlich sind.«[2]

1 Klöpsch, S. 71.

2 Roger T. Ames, S. 6 f. [Übersetzung von H. v. S.]. Die Angemessenheit der

Im Hinblick auf das hier präsentierte Werk erscheint das Wort »Kriegskunst« fragwürdig. Ein Wort, das mit ›Kunst‹ übersetzt werden kann, kommt tatsächlich ein Mal vor (Kap. 8.2). Aber das Werk enthält eine Vielzahl von Regeln, zum Beispiel mit Bezug auf das Verhalten in bestimmten Geländen oder hinsichtlich der Beobachtung des Feindes, die zu befolgen und nicht kunstvoll zu überschreiten sind. Sogar die Verwendung des Wortes »Krieg« bei der Übersetzung des Titels wird kritisiert, denn in diesem Buch gehe es vor allem um vorausgehende Planungen und nicht um Schlachten. Daher, so die Kritik, sei »Meister Suns Militärphilosophie« die angemessenste Übersetzung des Buchtitels.[3] So weit möchte ich indes nicht gehen, denn das Buch ist zweifellos auf den »Krieg« fokussiert, auch wenn blutige Waffengänge eher von weitem umkreist als unmittelbar behandelt werden. Verwendet wird hier der, soweit bekannt, erstmals im Westen gewählte Titel *Meister Suns Kriegskanon*, mit dem versucht wird, das authentisch Chinesische des Werkes zu signalisieren.

Statt »Sunzi« oder dergleichen ist von »Meister Sun« die Rede, weil die auf den Familiennamen »Sun« folgende Silbe »Zi«, »Tzu« oder wie immer sie transkribiert wird, ›Meister‹ bedeutet. Wenn in der vorliegenden Ausgabe von *Meister Suns Kriegskanon* die Rede ist, dann nicht im Sinne einer Zuordnung des Buches an den Autor Meister Sun (denn die Frage, wer das Buch verfasst habe, ist umstritten; s. hierzu S. 110f. sowie S. 116), sondern zur Wiedergabe des in chinesischer Sprache feststehenden Buchtitels »Sun Zi Bingfa«.

Die Form der Übersetzung

Meister Suns Kriegskanon besteht aus etwa 6000 chinesischen Schriftzeichen. Begnügte man sich damit, allein diese wenigen Schriftzeichen ins Deutsche zu übersetzen, bliebe vieles unklar. Denn, wie in klassischen chinesischen Texten üblich, deuten karg eingesetzte Schriftzeichen gewisse Gedankengänge meist nur tupfenhaft an und breiten sie nicht vollumfänglich aus. Zwischen Text-

Übersetzung von *bingfa* mit ›art of war‹ erörtert Ames im Zusammenhang mit diesen bedenkenswerten Überlegungen nicht.

3 Chow-Hou Wee / Fred Combe, *Business Journey to the East. An East-West Perspective on Global-is-Asian*, Singapur 2009, S. 31.

stellen besteht daher oft eine Wort-, ja eine Sinnleere. Es bleibt nichts anderes übrig, als diese durch eigenes Nachdenken und Nachforschen oder vielleicht dank eines durch ein im Text stehendes Schriftzeichen angestoßenen Gedankens selbst zu füllen. Dort, wo nicht Wortleere, sondern Wortfülle herrscht, bereiten seit Jahrhunderten nicht wenige Schriftzeichen, deren Bewandtnis umstritten ist, Kopfzerbrechen. Es kommt noch hinzu, dass im Laufe der Zeit Schriftzeichen, weil sie in einem kaiserlichen Namen vorkamen, der Tabuisierung anheimfielen und daher im Text von *Meister Suns Kriegskanon* durch andere Schriftzeichen ersetzt und so fortan überliefert wurden. Manche Schriftzeichen sind zudem phonetische Lehnschriftzeichen. Wo kommen Schriftzeichenumtausche konkret vor, und welches könnten die eigentlich gemeinten Schriftzeichen sein? Dies sind Fragen, über welche gründliche chinesische Leser des Werkes seit Jahrhunderten nachgedacht und ihre Gedanken niedergeschrieben haben. Eine weitere Schwierigkeit, an den tatsächlichen Wortlaut heranzukommen, ergibt sich daraus, dass in dem zumindest teilweise in gebundener Sprache verfassten Werk hie und da reimdienliche Schriftzeichen den eigentlich angemessenen Schriftzeichen vorgezogen und um des Reimes willen irreguläre Stellungen von Schriftzeichen in einzelnen Wortgruppen vorgenommen wurden. All dies führt zu Unklarheiten. Viele Kommentatoren seit dem Ahnvater der Meister-Sun-Glossatoren, dem Feldherrn Cao Cao (155–220 n. Chr.), haben sie durch unterschiedliche Deutungen zu beheben versucht. Zur Verwirrung tragen auch nicht immer ganz übereinstimmende Wiederholungen einzelner Textstellen bei.

Ende des 20. und zu Beginn des 21. Jh.s sind in China und Japan zahlreiche Werke erschienen, die, gestützt auf sorgfältige Analysen der während Jahrhunderten entstandenen Kommentare, neueste Erkenntnisse über den Sinn vieler Stellen in *Meister Suns Kriegskanon* vermitteln, vor allem auch gestützt auf unlängst ausgegrabene älteste Manuskriptteile. Unter Berücksichtigung dieser aktuellen chinesischen und japanischen, den genannten und anderen Schwierigkeiten zu Leibe rückenden Auslegungen von *Meister Suns Kriegskanon* sollen hier die Tiefgründigkeit und Vielschichtigkeit dieses Werkes sowie auch teilweise der rote Faden, der es durchzieht, nahegebracht werden. Dafür soll jedes einzelne Schriftzeichen ins Deutsche übersetzt werden, was manchmal etwas holperig wirkende Ausführungen unausweichlich macht. Darüber hinaus ist es wichtig, Sinnzusammenhänge zwischen einzelnen Wortgruppen oder Sätzen aufzuzeigen und einen möglichst klaren Einblick in die mutmaßlichen Gedankengänge zu vermitteln. Die in den ins Deutsche übersetzten Urtext hineingesetzten Sinnergänzungen und -verdeutlichungen sind durchweg durch kursive Schreibung gekennzeichnet. So sollen sich Einschübe und Überleitungen vom möglichst wortgetreu übersetzten Kerntext abheben. Freilich kann die Abgrenzung der Wörter, so wie sie im chinesischen Urtext stehen, von den von mir eingefügten Wörtern nicht immer glasklar, sondern oft nur annähernd vorgenommen werden. Und natürlich beruht bereits die Übersetzung eines jeden im chinesischen Urtext vorhandenen Schriftzeichens auf einer Interpretation. Denn für sehr viele Schriftzeichen gilt die Feststellung: ein Schriftzeichen – viele Bedeutungen, was die Tür zu mannigfaltigen Möglichkeiten der Übersetzung in eine fremde Sprache aufstößt. Bei der Wahl der Schriftzeichenübersetzungen orientiere ich mich nicht nur an Wörterbüchern, sondern insbesondere an chinesischen und japanischen Kommentaren zu *Meister Suns Kriegskanon*, vor allem solchen neuesten Datums, denn es ist zweifellos wissenswert, wie dieses Werk zu Beginn des 21. Jh.s in der Volksrepublik China und auch in Japan verstanden wird.

Von den Möglichkeiten der Übersetzung einzelner im chinesischen Urtext enthaltener Schriftzeichen versuche ich jeweils dasjenige deutsche Wort zu wählen, das sich als möglichst offen für Auslegungen in verschiedene Richtungen hin erweist. So zitiert Zhong Yongsen in seinem Buch *Sun Zi Bingfa Yu Zhanlüe Guanli* (›Meister Suns Kriegskanon und das strategische Management‹), Nanjing 2010, S. 11, bei seiner Charakterisierung Dr. Ya-Qin Zhangs, des Chefs von »Microsoft China«, aus dem ersten Kapitel von *Meister Suns Kriegskanon* fünf wesentliche »Elemente der strategischen Planung«, von denen das erste, nämlich *dao*, in einer deutschen Übersetzung des *Kriegskanons* mit ›Moral‹ wiedergegeben wird. Zhong Yongsen fährt fort: »In den Augen Ya-Qin Zhangs sind es genau diese fünf wesentlichen Elemente, denen ein Unternehmen, um zu bestehen und sich zu entwickeln, Aufmerksamkeit schenken muss.« Wenn man nun bei der deutschen Übersetzung des anschließenden Satzes Zhong Yongsens die soeben zitierte deutsche Übersetzung des ersten Elements einsetzt, erscheint diese als unpassend. Denn dann ergibt sich folgender Gedankengang: »›Moral‹ bedeutet Strategie, Mission und Ziel.« Offensichtlich ist der vom deutschen Übersetzer für *dao* gewählte Ausdruck ›Moral‹ zu eng, zu spezifisch, so dass man ihn, wenn man die Aussage Zhong Yongsens ins Deutsche übersetzt, schwerlich verwenden kann. Wenn man demgegenüber das mannigfaltige Auslegungen erlaubende Wort »Weg«, mit dem ich *dao* in der vorliegenden Übersetzung von *Meister Suns Kriegskanon* wiedergebe, einsetzt, kann man Zhong Yongsens Aussage ohne weiteres verstehen: »›Weg‹ bezieht sich auf die Strategie, die Mission und das Ziel.«

Da die chinesische Sprache weder Konjugation noch Deklination, weder Ein- noch Mehrzahl, weder das weibliche noch das männliche oder sächliche Geschlecht, weder Gegenwart noch Vergangenheit und Zukunft durch eine Veränderung der Wortgestalt anzeigt und überdies bestimmte und unbestimmte Artikel nicht kennt, müssen selbst derartige Einzelheiten bei der Übersetzung in die deutsche Sprache unablässig bedacht werden. Auch diese morphologischen Elemente werden, soweit dies geht, durch Kursivschrift kenntlich gemacht. Konjugierte und deklinierte Kerntextwörter soll man sich jeweils im Infinitiv (bei Verben) oder im Nominativ Einzahl (bei Substantiven) vorstellen. Bei reflexiven Tätigkeitswörtern und bei Wörtern, die im Deutschen mit einer Präposition gebraucht werden müssen, habe ich das Reflexivpronomen und die Präposition, da entsprechende Wörter im chinesischen Text nicht zu sehen sind, in der Regel kursiv geschrieben, so dass jeweils nur das gleichsam ›nackte‹ Kerntextwort übrig bleibt. Hoffentlich erhalten die Leserinnen und Leser durch die gewählte Textgestaltung einen einigermaßen nachvollziehbaren und durchdringenden Einblick in meine bis in kleine Details reichenden Sinndeutungen des Urtextes. Vielleicht können sie gar gestützt auf dessen durch eine andere Schriftgestaltung hervorgehobene Kerntextwörter eigene Überlegungen über Alternativen zu den Erklärungen anstellen. Gänzlich auf eigenen Überlegungen beruhende Interpretationen nehme ich kaum vor. Mein Beitrag besteht lediglich darin, aus neuesten chinesischen und japanischen Kommentaren zu *Meister Suns Kriegskanon*, die in den Literaturhinweisen sowie in den Anmerkungen angegeben sind, zu schöpfen und die mich überzeugendsten Verständnisvarianten auszuwählen und zu präsentieren. Auch dem amerikanischen Meister-Sun-Kenner Roger T. Ames verdanke ich wertvolles Wissen. Alle diese neuesten Interpretationen nehmen Kenntnis und verarbeiten die ältere bis auf Cao Cao zurückreichende Kommentarliteratur, die damit auch gebührend berücksichtigt wird. Es wurde dabei nicht der Versuch unternommen, die Gedichtform von Textstellen in der Übersetzung zu berücksichtigen.

Welche Fassung ist Grundlage der Übersetzung?

Es gibt mehrere Versionen des chinesischen Textes von *Meister Suns Kriegskanon*. Keine dieser Fassungen wird weltweit oder auch nur innerhalb der Volksrepublik China als allein maßgeblich anerkannt. Die seit alters in Japan und in China überlieferten Versionen stimmen nicht ganz überein. So stütze ich mich denn auf mehrere Ausgaben des Urtextes, insbesondere jene, die in den Werken von Ames, Gu Li / Qi Wen, Hattori, Li Ling (2007) und anderen in den Literaturhinweisen aufgeführten Editionen verwendet werden. Dabei versuche ich, möglichst alle in den verschiedenen Fassungen vorgelegten Textteile wiederzugeben. Die Numerierung der einzelnen Abschnitte in den 13 Kapiteln übernehme ich aus *Sun Zi Yi Zhu* (Meister Sun, *ins moderne Chinesisch* übersetzt *und* annotiert), Beijing 2007, von Li Ling, Professor an der Fakultät für chinesische Literatur der Beijing-Universität, einer der zwei Spitzenuniversitäten der Volksrepublik China. Gewisse Abschnitte unterteile ich entgegen Li Ling in (nicht weiter numerierte) Unterabschnitte.

Technische Hinweise

Zu der abwechselnden Gerade- und Kursivschreibung s. S. 77.

Bei der Wiedergabe chinesischer Schriftzeichen mittels lateinischer Buchstaben wird die Pinyin-Umschrift gemäß dem von den meisten Staaten verabschiedeten Dokument »ISO 7098:1991 Information et documentation – Romanisation du chinois« sowie den in der Volksrepublik China verkündeten Pinyin-Regeln benutzt.

In eckige Klammern werden Textstellen gesetzt, die nur in vereinzelten Editionen von *Meister Suns Kriegskanon* vorkommen. In eckige Klammern gesetzte Dreipunkte weisen auf Auslassungen hin.

Sämtliche Verweise auf Online-Adressen wurden am 11. Februar 2021 eingesehen.

Anmerkungen

1. Kapitel: Kalküle

1 *Ji:* ›Berechnung‹, ›Kalkül‹, ›Plan‹, ›Strategem‹. Alle diese Bedeutungen gehen ineinander über (vgl. Li Ling, 2008, S. 11). Hier je nach Kontext mit ›Kalkül‹ oder ›Plan‹ übersetzt. Laut Guo Huaruo, S. 1, geht es um eine Einschätzung und einen Vergleich der objektiven Gegebenheiten auf der gegnerischen und eigenen Seite in politischer, wirtschaftlicher, militärischer, klimatischer und topographischer Hinsicht sowie im Hinblick auf die Fähigkeiten der eigenen und gegnerischen militärischen Führungskräfte, somit also um das, was Niu Xianzhong unter *ji* versteht, nämlich um ein »power assessment« (Sima Qi, S. 230). Dieses Kapitel setzt Niu in einen Bezug zum letzten Kapitel »*Der* Gebrauch *von* Spion*en*«. Nach Nius Ansicht liefert der im letzten Kapitel empfohlene Einsatz von Spionen Grundlagen für die Vornahme der gemäß dem vorliegenden ersten Kapitel vorzunehmenden Kriegskalküle und -planungen (Sima Qi, S. 226). In diesem Sinne auch Wu Rusong, 2010, S. 3, sowie Feng Guochao, S. 2.

2 *Bing:* ›Waffen‹, ›Armee‹, ›militärische Belange‹, ›Krieg‹ (Li Ling, 2008, S. 8).

3 *Da shi:* ›wichtige Angelegenheit‹. Es gab in der Zeit, auf die sich *Meister Suns Kriegskanon* bezieht, zwei wichtige Staatsangelegenheiten, nämlich Opferzeremonien und Krieg. Doch von Opferzeremonien ist im *Kriegskanon* weder im vorliegenden Zusammenhang noch anderswo ausdrücklich die Rede (Gu Li / Qi Wen, S. 35; Li Ling, 2008, S. 8).

4 *Guo:* ›umwallte Hauptstadt eines Landes‹ bzw. das ganze ›Land‹ (Li Ling, 2008, S. 23; Jacques Gernet, *Die chinesische Welt*, Frankfurt a. M. 1979, S. 57). Die Übersetzung ›Staat‹ wird vermieden, da in der chinesischen Vorkaiserzeit und Kaiserzeit *guo* zudem auch die jeweils herrschende Dynastie bezeichnete. Einen »Staat« im Sinne einer den Herrscher und die Bevölkerung umfassenden Rechtsgemeinschaft gab es in der damaligen Vorstellungswelt nicht (Shiga Shuzo, S. 135). Daher scheinen die Soldaten in den Armeen, von denen in *Meister Suns Kriegskanon* die Rede ist, wie zwischen den Zeilen hervorgeht, zwar starke familiäre Bande zu verspüren, aber keine staatstreuen ›patriotischen‹ Gefühle zu hegen.

5 *Gu:* ›daher‹, ›also‹, ›so‹ u.a. Dieses im chinesischen Text von *Meister Suns Kriegskanon* oft vorkommende Bindewort kann auch weggelassen werden, zumal es häufig lediglich den Anfang eines Sinnabschnittes markiert (Gu Li, S. 223; Ames, S. 284, Klöpsch, S. 126). Deshalb bleibt es im Folgenden häufig unübersetzt.

6 Schon im antiken China beinhaltet das Schriftzeichen für ›Weisheit‹ (heutige Aussprache: »zhi«) die Bedeutung ›List‹ bzw. ›Listkundigkeit‹. Ein »Weiser« zeichnet sich also bereits aus antikchinesischer Sicht unter anderem durch Listkundigkeit aus (s. von Senger, *Strategemische Weisheit*, S. 29ff.). Zur hier vertretenen Deutung von »List« s. Anm. 16, S. 82 und 2, S. 93. Dass die listkundige Weisheit unter den Feldherrentugenden an erster Stelle genannt wird, unterstreicht die Bedeutung, die in *Meister Suns Kriegskanon* der – von der Öffentlichkeit möglicherweise gar nicht wahrgenommenen – Kriegführung gestützt auf List, bestenfalls unter Verzicht auf Gewalt, zugewiesen wird. Insgesamt kommt das Schriftzeichen *zhi* 79 Mal in *Meister Suns Kriegskanon* vor, oft allerdings in der Bedeutung von ›*Bescheid* wissen‹ (Niu Xianzhong, zitiert nach Sima Qi, S. 232f., 259).

7 *Ren:* ›Güte‹, die auch anzutreffende Übersetzung ›Mitmenschlichkeit‹ erscheint wegen der Unklarheit des Wortes »Mensch« in antiken chinesischen Texten als problematisch (vgl. *Yijing. Das Buch der Wandlungen*, aus dem Chinesischen übers. und hrsg. von Dennis Schilling, Frankfurt a.M. 2009, S. 821, 840). Für *buren* benutze ich freilich die Übersetzung ›Unmenschlichkeit‹ (Kap. 13.1). Vgl. auch Anm. 6, S. 86.

8 Li Ling, 2008, S. 9.

9 Dieser Punkt 5 übersetzt nach Guan Feng, in: Sima Qi, S. 147.

10 Das Wort »Feldherr« übersetzt nach Yang Yi / Ma Yinqin, S. 7.

11 Gemäß einer anderen Deutung macht hier Meister Sun eine persönliche Aussage: »*Wenn der Landesherr* auf mein*en Kriegs*plan hört *und* ihn benutzt, *wird er* bestimmt siegen. *Bei* ihm bleibe *ich*. *Wenn der Landesherr* auf mein*en Kriegs*plan nicht hört *und* ihn *nicht* benutzt, *wird er* bestimmt *eine* Niederlage erleiden. Ihn *werde ich* verlassen.« (Gu Li / Qi Wen, S. 2)

12 *Shi:* ›*Kräfte*konstellation‹, die ein zunächst unsichtbares Potential in sich birgt, das im gegebenen Augenblick freigesetzt werden kann und dann sichtbare Wirkungen zeitigt. *Shi* wird auch mit ›energy‹, ›strategic advantage‹, ›strategic military power‹,

›potential energy‹, ›configuration‹, ›des/les forces‹, ›puissance stratégique‹, ›Kraft‹, ›Schlagkraft‹, ›(Situations-)Potential‹ übersetzt (Li Ling, 2006, S. 170; Mair, S. 90; Niquet, S. 117; Lévi, S. 64; Zhong Yingjie, S. 39; Klöpsch, S. 12, 24; Jullien 1999, S. 33, 38).

13 Yang Yi / Ma Yinqin, S. 5. Eine andere Deutung lautet: »... dann erschafft er für dessen *Umsetzung günstige diplomatische Kräfte*konstellation*en als* Beihilfe *für* seine außerhalb *der Landesgrenzen operierende Armee*« (Li Ling, 2008, S. 10, 12; Gu Li / Qi Wen, S. 2).

14 Übersetzt nach Gu Li / Qi Wen, S. 2. Andere Deutungen lauten: »*Günstige* Konstellation*en gestaltet er dadurch, dass er sich Lageveränderungen geistesgegenwärtig dem eigenen* Nutzen entsprechend zu Diensten macht« (Liu Ling / Wu Xubin, S. 37); ... dass er »die umstandsabhängigen Faktoren im Hinblick auf den Nutzen bestimmt« (Jullien, S. 38).

15 *Bing zhe gui dao ye:* wörtlich »*Der* Krieg ist *ein mit* List *gepflasterter* Weg«. Laut Jiang Baili ist das ganze erste Kapitel thematisch der Phase vor einem Kriegsbeginn gewidmet. Daher seien die hier exemplarisch aufgezählten listigen Maßnahmen als solche zu verstehen, die vor Ausbruch eines Krieges zum Zwecke der dem eigenen Nutzen dienenden Konstellationsgestaltung (*zao shi*) zu ergreifen seien (in: Sima Qi, S. 21 f.). Diese angesichts des Kontextes einleuchtende Ansicht vertritt auch der in Taiwan angesehene Militärfachmann Niu Xianzhong (in: Sima Qi, S. 234). Andere Kommentatoren vertreten die Meinung, die Anwendung der aufgezählten Strategeme geschehe im Kriege (Yang Yi / Ma Yinqin, S. 8) bzw. – etwas zurückhaltender – bei der Durchführung »militärischer Angelegenheiten« (Li Ling, 2007, S. 5). Hier soll sämtlichen bekannten Deutungen entsprochen werden.

16 *Gui* wird in diesem Zusammenhang von anderen Übersetzern so gut wie immer mit ›Täuschung‹ wiedergegeben. Wie aber zumindest aus den Punkten 7 (»Ist d*er Feind* voll *gerüstet*, dann wappnet *man* sich *gegen* ihn«) und 8 (»Ist d*er Feind* stark, dann weicht man *ihm* aus«) hervorgeht, die jeweils konkrete Umsetzungen von *gui* umschreiben, ist im Zusammenhang mit *gui* nicht nur von Täuschung die Rede, weshalb hier für *gui* die Übersetzung ›List‹ vorgezogen wird. Dabei verstehe ich ›List‹ im Sinne der im *Deutschen Universalwörterbuch* des Duden (Mannheim [u. a.] 1983) vermittelten Deutung, die durchaus

dem weiten, nicht auf Täuschung fixierten antikchinesischen und modernen chinesischen Verständnis von List entspricht: List sei ein »Mittel, mit dessen Hilfe man (andere täuschend) etwas zu erreichen sucht, was man auf normalem Wege nicht erreichen könnte« (vgl. von Senger, »Was macht die List zur List?«, in: H. v. S., *Strategeme*, Bd. 2, S. 44 ff.; H. v. S. [Hrsg.], *Die List*, S. 10). In diesem Sinne auch Niu Xianzhong, in: Sima Qi, S. 234.

17 Das Wort »beispielsweise« wird hier gestützt auf die Überlegungen Niu Xianzhongs eingefügt, in: Sima Qi, S. 234.

18 Das Wort »Strategem« wird hier als Synonym von »List« verwendet. Der Unterschied besteht einzig in der neutralen Konnotation von »Strategem«, wogegen »List« oft einen anrüchigen Beigeschmack hat. In Bezug auf die Denotation (s. Anm. 16, S. 82) werden beide Wörter hier als austauschbar verstanden (vgl. von Senger, *Strategeme*, Bd. 1, S. 21).

19 Andere Deutungen lauten: »*Man versetzt den Feind In* Wut *und* bringt ihn *durcheinander, so dass er leichtfertig vorgeht*« (Hattori, S. 308, 317) oder »*ist der Feind* wut*entbrannt und entsprechend kampflüstern*, dann macht *man einen* Bogen *um* ihn *und wartet, bis seine Gefühle ermattet sind*« (Yang Yi / Ma Yinqin, S. 6).

20 Li Ling, 2007, S. 5; andere Deutungen: »*Ist der Feind* vorsichtig, dann macht *man* ihn überheblich« (Yang Yi / Ma Yinqin, S. 6, 8); »*man gibt sich dem Feind gegenüber* klein *und* unterwürfig, *um* ihn *zur* Überheblichkeit *zu* verleiten« (Gu Li / Qi Wen, S. 2; Hattori, S. 319) und »*schätzt er uns* gering, dann *ergreift man Maßnahmen, um* ihn *noch* hochmütiger *zu* machen« (Wang Hanguo, S. 60).

21 *Yi er lao zhi*: »*Ist der Feind* ausgeruht, dann ermüdet *man* ihn.« Hierauf geht die Strategemformel Nr. 4 im Katalog der *36 Strategeme* zurück (vgl. von Senger, *Strategeme*, Bd. 1, Strategem Nr. 4: »Ausgeruht den erschöpften Feind erwarten«).

22 Für die nun folgenden zwölf Vorgehensweisen wird in China zusammenfassend der Ausdruck »Zwölf Wege der List« (*guidao shi'er fa*) verwendet (Han Jiahe / Jiang Lei, »›Sun Zi‹ de ›guidao‹ sixiang ji qi xianshi yiyi (›Meister Suns‹ Gedanken betreffend den ›Weg der List‹ und dessen aktuelle Bedeutung)«, in: *Sun Zi Tan Sheng – Disan Jie Sun Zi Bingfa Guoji Yantaohui Lunwen Jingxuan* (Siegeserkundungen anhand von Meister Sun – Sorgfältige Auswahl von auf dem dritten inter-

nationalen Symposium über *Meister Suns Kriegskanon* eingereichten Abhandlungen), Beijing 1992, S. 326ff.; Sun Wu, S. 15). Der Ausdruck »Zwölf Wege der List« sollte nicht zur Annahme verleiten, es handle sich um einen abschließenden Katalog von nur gerade 12 Strategemen (s. Niu Xianzhong, in: Sima Qi, S. 234).

23 Bisweilen werden die Sätze »*Man* greift *ihn zu dem Zeitpunkt und an der Stelle an, wann und wo* er unvorbereitet *ist. Man* tritt *zu dem Zeitpunkt und an der Stelle* auf *den* Plan, *wann und wo* er *es* nicht erwartet« zu den »Zwölf Wegen der List« hinzugezählt, so dass sich »Vierzehn Wege der List« (*guidao shisi fa*) ergeben (vgl. Cheng Guozheng, S. 8–10).

24 *Miao:* ›*Ahnen*tempel‹; Gu Li / Qi Wen, S. 42. In diesem Gebäude beriet man in der Zeit, auf die sich *Meister Suns Kriegskanon* bezieht, wichtige Angelegenheiten (Hattori, S. 329; Wei Rulin, S. 77). Dass vor Beginn der militärischen Beratungen im Ahnentempel religiöse Handlungen, und zwar Opferriten, vollzogen worden seien, wird nur in einem der eingesehenen Kommentare zu *Meister Suns Kriegskanon* behauptet (Yang Yi / Ma Yinqin, S. 6).

25 Nicht Gegenstand der im Ahnentempel vorgenommenen Kalküle seien die »Zwölf Wege der List« gewesen. Diese seien zur Herstellung günstiger Kräftekonstellationen erst dann in Betracht gezogen und umgesetzt worden, wenn aufgrund der im Ahnentempel vorgenommenen Kalküle ein ins Auge gefasster Krieg als erfolgversprechend erschien (Niu Xianzhong, in: Sima Qi, S. 235f.).

26 Aus Bambus oder Knochen gefertigte kleine Stäbchen von einer Länge von etwa 1,2 cm, die man offenbar zur Darstellung von Zahlen legte (Li Ling, 2006, S. 57; L.L., 2008, S. 11).

27 Dieser Satz wurde übersetzt gemäß den Überlegungen Niu Xianzhongs, in: Sima Qi, S. 235.

2. Kapitel: Kriegsvorkehrungen

1 *Zuozhan:* ›Kriegsvorkehrungen‹, übersetzt gemäß den Überlegungen Niu Xianzhongs, in: Sima Qi, S. 236. Das Wort *zhan* bedeutet zum einen ›Krieg‹ im allgemeinen Sinn und zum anderen ›Feldzug‹ mit Gefechten auf offenem Feld im Gegensatz zum Angriff auf eine Stadt. Im vorliegenden Kapitel steht die

zweite Bedeutung von *zhan* im Vordergrund (vgl. Li Ling, 2008, S. 13).

2 Von »törichter Eile« könne dann gesprochen werden, wenn ein Krieg schnell abgeschlossen wurde, obwohl die Ergebnisse nicht den höchsten Erwartungen entsprachen, ja vielleicht gar enttäuschend waren. Ein derartiges schnelles Kriegsende sei indes allemal einem um des Gewinns maximaler Vorteile willen bewusst über einen langen Zeitraum hinweg geführten Kriege vorzuziehen (Niu Xianzhong, in: Sima Qi, S. 237).

3 Die negative Bewertung eines langwierigen Krieges wird in der Volksrepublik China als einseitig kritisiert, unter anderem unter Hinweis auf Mao Zedong, der im Zweiten Weltkrieg einen langwierigen Verteidigungskrieg gegen Japan befürwortete (Mao Tse-tung, »Über den langwierigen Krieg«, in: M. Ts., *Ausgewählte Werke*, Bd. 2, Beijing 1968, S. 127–228). In *Meister Suns Kriegskanon* wird indes offensichtlich vor einem langwierigen Angriffskrieg gewarnt, denn dieser sei wirtschaftlich ruinös. Der Verteidigungskrieg scheint im *Kriegskanon* eher in den Hintergrund zu treten.

4 *Bai xing:* In der Zeit, um die es hier geht, soll es sich bei den Trägern der »hundert Familiennamen« um die wohlhabende Oberschicht eines Landes gehandelt haben (Gu Li / Qi Wen, S. 61). Nach einer anderen Deutung ist mit dem Ausdruck aber die gesamte Bevölkerung gemeint (Tang Mangxian, S. 19).

5 *Qiuyi:* die von einer Einheit bestehend aus 144 Familien (genannt *qiu*) zu stellenden Soldaten und abzugebenden Tiere (ein Pferd zum Ziehen von Kriegswagen und drei Ochsen zum Ziehen von Trossfuhrwerken; vgl. Gu Li / Qi Wen, S. 61; Li Ling, 2008, S. 19, 419; Yang Yi / Ma Yinqin, S. 15).

6 *Zhongyuan:* eigentlich ›Mittelebene‹, hier in der Bedeutung von ›im Landesinneren‹ (Gu Li / Qi Wen, S. 61).

7 *Jia:* ›Panzer‹, abgebildet in: *Zhongguo Dabaike Quanshu, Junshi. Zhongguo Gudai Bingqi Fence* (Große chinesische Enzyklopädie. Militaria. Teilband über Waffen in der chinesischen Antike), S. 53 f.

8 *Zhou:* ›Schutzhelm‹, abgebildet in: s. Anm. 7, S. 85.

9 *Ji:* ›Hellebarde‹, abgebildet in: s. Anm. 7, S. 85.

10 *Zhi jiang:* ›Der weise Feldherr‹. Dieser Ausdruck kommt nur hier vor. Dass die Weisheit des Feldherrn im Zusammenhang mit Logistikproblemen und nicht etwa mit Entscheidungen

während eines Waffengangs hervorgehoben wird, findet Niu Xianzhong im Vergleich zu von Clausewitz, welcher Nachschubfragen weniger Interesse entgegenbringe, bemerkenswert (in: Sima Qi, S. 239).

11 Im gesamten *Kriegskanon* werde stets der Standpunkt des Feldherrn vertreten (so Niu Xianzhong, in: Sima Qi, S. 240 und auch Qi Wen [u. a.], S. 83).

3. Kapitel: Angriff mit Strategemen

1 *Mou:* ›Strategem‹. Zur Bedeutung des Wortes ›Strategem‹ s. Anm. 18, S. 83.

2 *Jun:* 12 500 oder 10 000 Mann (Li Ling, 2006, S. 123; L. L., 2008, S. 23, 419).

3 *Lü:* 2000 oder 500 Mann (ebd.).

4 *Zu:* 200 oder 100 Mann (ebd.).

5 *Wu:* 5 Mann (ebd.).

6 *Ren:* wird meist mit ›Mensch‹ übersetzt, doch bedeutet dieses Wort in antiken chinesischen Texten vielfach ›Mann‹ (vgl. hierzu von Senger: »Haben die Wörter ›人 (ren, Mensch)‹ in der Frühlings- und Herbstzeit / im Zeitalter der Kämpfenden Reiche (770–221 v. Chr.) sowie ›homme‹ im neuzeitlichen und modernen Französischen stets die umfassende Bedeutung ›Mensch‹ im Sinne der Universalen Erklärung der Menschenrechte vom 10. Dezember 1948?«, in: Hans-Christian Günther / Andrea A. Robiglio, *The European Image of God and Man. A Contribution to the Debate on Human Rights*, Leiden 2010, S. 35–86).

7 Im chinesischen Text steht ausdrücklich nicht »die Streitmacht des Feindes«, sondern »*die* Streitmacht *des* Mannes« bzw. »*die* Streitmacht *der* Männer«. Sollte also im chinesischen Urtext bewusst das Wort ›Feind‹ vermieden worden sein, da es darum geht, die Streitmacht eines Gegenübers nicht erst nach den ersten Scharmützeln in einem bereits angelaufenen Feldzug, sondern bereits lange vor Ausbruch eines Krieges außer Gefecht zu setzen, also zu einem Zeitpunkt, in welchem zwischen der eigenen und der Gegenseite noch gar keine offene Feindschaft ausgebrochen ist? In diese Richtung weist eine mündliche Auskunft von Qi Wen, Shanghai, vom 9. Juni 2010. Bei solch einer frühen Ausschaltung der bloß potentiell feindlichen Armee könne man nicht von einer ›feindlichen‹ Armee sprechen. Falls diese Deu-

tung zutrifft, würde sie den auch die Vorkriegsphase überspannenden supraplanerischen Denkansatz in *Meister Suns Kriegskanon* erhellen, s. S. 125 ff. Im vorliegenden Kapitel sind die in die Übersetzung eingefügten Wörter ›Feind‹ und ›feindlich‹ je nach Textzusammenhang im Sinne einer vorausgesehenen zukünftigen, aber noch nicht zutage getretenen oder einer bereits offen ausgebrochenen Feindschaft zu verstehen.

8 *Lu:* ›Kriegswagen mit einem Aussichtsturm‹ zum Ausspähen der Vorgänge in der belagerten Stadt (Li Ling, 2008, S. 24 f., 28. Abgebildet in: s. Anm. 7, S. 85). Andere Deutung für *lu*: ›Schutzschild‹ (Liu Ling / Wu Xubin, S. 40).

9 *Fei zhan:* ›ohne einen Waffengang durchzuführen‹. Meist wird diese Wortgruppe mit ›ohne Kampf‹ übersetzt. Was aber soll in solch einer Übersetzung das Wort ›Kampf‹ bedeuten? Es gibt viele Arten des ›Kampfes‹, auch den Kampf mit List. Im *Kriegskanon* wird keineswegs die Meinung vertreten, man solle schlechterdings keinen Kampf führen. *Zhan* bezeichnet ursprünglich den Zweikampf Mann gegen Mann, dann aber auch einen direkten Waffengang (Li Ling, 2006, S. 257). Ein ›Kampf‹ im Sinne eines Waffengangs erscheint in *Meister Suns Kriegskanon* als nicht erstrebenswert, wird aber als schlechtestmögliche Art der Konfliktlösung nicht rundweg abgelehnt. In erster Linie empfohlen wird ein Blutvergießen vermeidender ›Kampf‹ mit listiger Weisheit. Formulierungen wie »Wahrhaft siegt, wer nicht kämpft« erwecken den Eindruck des Pazifismus und der Passivität. Keine dieser beiden Haltungen wird im *Kriegskanon* vertreten. Daher sollte man im vorliegenden Zusammenhang die Formulierung »ohne Kampf« entweder vermeiden oder jeweils sorgfältig erläutern.

10 Nach einer anderen Fassung lautet der Satz im chinesischen Urtext nicht, wie hier der Übersetzung zugrundegelegt, mit *shao er neng shou zhi*, sondern mit shao *er neng tao zhi:* »... dann *sollte man* in der Lage sein, ihm *zu* entfliehen« (s. Gu Li / Qi Wen, S. 75).

11 Eine andere Deutung lautet: »*Bündelt eine* kleine feind*liche Streitmacht ihre Kräfte und ist punktuell* stark, dann *kann sie selbst eine* große, *aber zuvor zersplitterte* feind*liche* Streitmacht gefangen nehmen« (Li Ling, 2008, S. 26, 28).

12 *San jun:* ›drei Armeen‹. In großen Fürstentümern bestand das Gesamtheer aus drei Armeen (vgl. Gu Li / Qi Wen, S. 221).

13 Eine andere Deutung lautet: »*Wenn der Fürst über die Amts*be-

fugnisse *in den* drei Armee*n* nicht *Bescheid* weiß, aber *an* Ernennungen *innerhalb der* drei Armee*n* mitwirken *will*« (Li Ling, 2008, S. 28).

4. Kapitel: Die Gestaltung einer möglichst günstigen militärischen Ausgangslage

1 *Xing:* eigentlich ›Form‹, ›Gestalt‹, ›Körper‹, wird an dieser Stelle als phonetisches Lehnschriftzeichen für *xing:* ›machen‹, ›tun‹, ›gestalten‹ angesehen (Gu Li / Qi Wen, S. 93). Im folgenden vierten Kapitel kommt *xing* nur ein einziges Mal vor, und zwar als zweitletztes Schriftzeichen. Es wird auch u. a. mit ›dispositions‹, ›strategic dispositions‹, ›military disposition‹, ›forms and dispositions‹ ›Situation/Konfiguration‹ oder ›Formation‹ übersetzt (Li Ling, 2006, S. 170; Jullien 1999, S. 33; Klöpsch, S. 21).

2 *Jiu di:* wörtlich ›die neun Erdschichten‹. ›Neun‹ ist hier aber nicht wörtlich, sondern im Sinne von ›ganz tief unter der Erde‹ zu verstehen. Entsprechendes gilt für den Ausdruck *jiu tian:* ›neun Himmel‹ (Gu Li / Qi Wen, S. 96).

3 Angeblich eines der verschollenen, schon vor *Meister Suns Kriegskanon* entstandenen Militärbücher (vgl. Gu Li / Qi Wen, S. 99).

4 Übersetzt nach Yu Zemin, »›Sun Zi – Xing pian‹ zhuzhi tanxi (Sondierungen und Analysen über den Kerninhalt von ›Meister Sun – Kapitel *über die* Gestaltung *der Ausgangslage*‹)«, in: *Sun Zi Tan Sheng* (s. Anm. 22, S. 83), S. 303 ff. Eine andere Deutung lautet: »Erstens: Einschätzung*en*; zweitens: Feststellung*en*; drittens: Zahl*en*; viertens: Abwägung*en*; fünftens: Sieg*prognose*. *Aus den Ausmaßen des eigenen Landesgebietes* ergeben *sich bestimmte* Einschätzung*en betreffend Steuern, Frondienste und verfügbaren Männern. Aus diesen* Einschätzung*en* ergeben *sich* Feststellung*en über die für den Waffengang zur Verfügung stehenden Ressourcen. Aus den so ermittelten* Feststellung*en* ergeben *sich die* Zahl*en der einsetzbaren Soldaten. Aus diesen* Zahl*en* ergeben *sich* Abwägung*en hinsichtlich der beidseitigen Streitmächte. Aus diesen* Abwägung*en* ergibt *sich eine Prognose hinsichtlich* Sieg *oder Niederlage*« (vgl. Li Ling, 2006, S. 162; Liu Ling / Wu Xubin, S. 43 f.).

5 1 Zhu = 0,65 g. Das Gewichtsverhältnis von 1 Zhu zu 1 Yi beträgt 1 : 576 (Li Ling, 2008, S. 31).

6 *Qian ren:* 1000 Einheiten des Längenmaßes *ren*. 1 *ren* = 8 *chi* = 8 Fuß = 1,84 m (Li Ling, 2008, S. 32).

5. Kapitel: Das Herbeiführen und Ausnutzen einer siegbegünstigenden Kräftekonstellation

1 *Fenshu:* die Aufgliederung (*fen*) der Armee in Einheiten verschiedener Stufen und die Anzahl (*shu*) der jeder Einheit zugeordneten Männer (vgl. Li Ling, 2008, S. 35).

2 *Qi zheng:* ›Außergewöhnlich*es und* Gewöhnlich*es*‹, auch übersetzbar mit ›Konventionell*es und* Unkonventionell*es*‹. Lionel Giles übersetzt das Wortpaar mit ›direct *and* indirect‹ (Giles, S. 35). Diese Übersetzung, die großen Einfluss hat, erweist sich als zu eng. Denn als *qi* (›außergewöhnlich‹) gilt auch ein direkter Angriff, falls der Feind wähnt, es stehe ein indirekter Angriff bevor, sich ganz auf diesen konzentriert und nicht mit einem direkten Angriff rechnet (vgl. von Senger, *Strategeme*, Bd. 1: »8.6 Aus dem chinesischen Vietnamfeldzug 1979« sowie zu *qi* und *zheng*: H. v. S., *Strategemische Weisheit*, S. 47 ff.). In der Aussprache »ji« bedeutet das Schriftzeichen ›ungerade‹. Die ›zusätzliche ungerade *Zahl*‹ (*yuji*), mit der die Eins gemeint war, wurde in der antiken chinesischen mathematischen Terminologie als ein Schlüssel zur Umwandlung von Zahlen angesehen. Denn durch das Hinzufügen einer Eins wird jede gerade Zahl ungerade und durch das Abziehen einer Eins jede ungerade Zahl gerade. So symbolisiert die Eins einen Behelf, mit dem man jede Zahl gründlich verändern kann. Dementsprechend bezeichnete man mit ›*die* zusätzlich*e* ungerade *Zahl*‹, also mit »*die Zusatz*-Eins«, in der antiken chinesischen Militärterminologie Strategeme, dienen diese doch ebenfalls zur Durchführung irgendwelcher Lageveränderungen. Die militärische »Zusatz-Eins«, also ein Strategem, mag auf den ersten Blick als ein bloßes Anhängsel erscheinen, ist aber oft von entscheidender Bedeutung (Li Ling, 2008, S. 36). Zwar machen die Strategemen gewidmeten Textteile von *Meister Suns Kriegskanon* nur 17 % des ganzen Buches aus, was Li Jian, S. 5, behauptet (wobei er diese Zahl bloß summarisch angibt und nicht detailliert nachweist), doch dürfte dies die oft kriegsentscheidende Wirkung von Strategemen, so wie sie in dem Werk hervorgehoben wird, keineswegs mindern. Dank »Einfallsreichtum, Kühnheit und

List« konnte »immer wieder der vermeintlich Schwächere den zahlenmäßig weit überlegenen Gegner bezwingen«, stellt denn auch Hans-Dieter Otto, vorwiegend mit Bezug auf die abendländische Kriegsgeschichte, im Vorwort seines zwölf historischen Schlachten gewidmeten Buches *Verblüffende Siege: Die größten Überraschungscoups der Kriegsgeschichte* (Ostfildern 2010) fest. Li Jian hat freilich sicherlich auch nicht unrecht, wenn er darauf hinweist, dass der größere Teil von *Meister Suns Kriegskanon* nicht-strategemischen militärischen Fragestellungen gewidmet sei und dass im Allgemeinen erst die sorgfältige Regelung aller Aspekte der konventionellen Kriegführung die Anwendung von Strategemen und deren Erfolg ermögliche (Li Jian, S. 5 f.).

3 *Xu:* ›leer‹, ›Leere‹; *shi:* ›voll‹, ›Fülle‹. Dies sind seit der chinesischen Antike zwei militärische Fachausdrücke. ›Leere‹ bezieht sich u. a. auf fehlende, ›Fülle‹ auf vorhandene Wehrbereitschaft im Krieg (vgl. von Senger, *Strategeme*, Bd. 1: »2.2 Von der Fülle und Leere«).

4 *Wu sheng:* gemäß der älteren chinesischen Tonleiter die Töne *gong*, *shang*, *jue*, *zhi* und *yu* (Yang Yi / Ma Yinqin, S. 44; vgl. Robin P. Marchev, *Musik im alten China*, Zürich 1982, S. 170). Die pentatonische Tonfolge C–D–E–G–A ist in alle der insgesamt 12 Halbtöne transponierbar, wobei jeder Ton wiederum Grundton einer pentatonischen Tonleiter sein kann und es somit 60 mögliche Tonleitern gibt. S. ferner: Fritz A. Kuttner, »A Musicological Interpretation of the Twelve Lüs in China's Traditional Tone System«, in: *Ethnomusicology* 9,1 (1965) S. 22 ff.; Lothar von Falkenhausen, *Ritual Music in Bronze China. An Archaeological Perspective*, Diss. Harvard University 1988; Robert Bagley, »The Prehistory of Chinese Music Theory«, in: *Proceedings of the British Academy* 131 (2006) S. 41 ff.; Kenneth DeWoskin, »A Song for One or Two. ›Music and the Concepts of Art in Early China‹«, Ann Arbour 1982. Für wertvolle Hinweise danke ich Professor Wolfgang Behr, Universität Zürich.

5 *Wu se:* ›Grün oder blau, gelb, rot, weiß, schwarz‹ (Yang Yi / Ma Yinqin, S. 44).

6 *Wu wei*: ›süß, sauer, bitter, scharf, salzig‹ (Yang Yi / Ma Yinqin, ebd.).

7 *Nu:* ›Armbrust‹, abgebildet in: s. Anm. 7, S. 85.

8 Liu Ling / Wu Xubin, S. 46; Wei Rulin, S. 121. Eine andere Deutung der Schlusspassage lautet: »Unordnung *kann aus* Ordnung

entstehen, Feigheit *kann aus* Mut entstehen, Schwäche *kann aus* Stärke entstehen. Ordnung *und* Chaos *hängen von der* Truppenordnung *ab.* Mut *und* Feigheit *hängen von der Kräftekonstellation ab.* Schwäche *und* Stärke *hängen von der günstigen oder ungünstigen* Gestaltung *der Ausgangslage ab*« (vgl. Li Ling, 2006, S. 193; L. L., 2008, S. 38, 431; Hattori, S. 393).

9 Das Schriftzeichen *ze* in der Bedeutung ›(aus)wählen‹ wird in gewissen Kommentaren von *Meister Suns Kriegskanon* als phonetisches Lehnschriftzeichen für *shi* in der Bedeutung ›verzichten‹ angesehen (vgl. Gu Li / Qi Wen, S. 115; Li Ling, 2008, S. 430 f.).
Da es im vorliegenden Kapitel um die kräftesparende Wirkung einer geschickten Nutzung von Kräftekonstellationen geht, scheint mir diese Deutung nachvollziehbar.

10 *Shan zhan ren zhi shi:* wörtlich ›*Die Kräfte*konstellation *eines Feldherrn, der sich* gut *darauf versteht, seine* Männer *zu einem* Waffengang *einzusetzen*‹. Die meisten Kommentatoren umschreiben das mit ›*die Kräfte*konstellation, *die ein Feldherr herbeiführt*‹ (Li Ling, 2008, S. 39; Ma Junying, S. 65, Hattori, S. 395), einige mit ›*die Kräfte*konstellation, *die ein Feldherr ausnutzt* [...]‹ (Gu Li / Qi Wen, S. 6; Qi Wen [u. a.], S. 187). Die zuletzt erwähnte Deutung umfasst die erste Deutung, erweckt aber zusätzlich den Eindruck, dass der fähige Feldherr auch eine sich nicht aufgrund seines Eingreifens, also eher zufällig und überraschend ergebende oder eine von ihm aufgrund einer sorgfältigen Analyse der in einer Ausgangslage wirksamen Entwicklungstrends vorausgesehene günstige Kräftekonstellation geistesgegenwärtig ausnutzt.

11 *Zhuan:* ›Das man hinunterrollen lässt‹ (übersetzt nach Li Ling, 2007, S. 37; Qi Wen [u. a.], S. 187; Ma Junying, S. 65, Hattori, S. 395).

12 Die Einfügung »*unwiderstehliche, aktiv herbeigeführte oder geistesgegenwärtig ausgenutzte Kräfte*konstellation« im Sinne einer Konstellation, die eine alles niederwalzende Eigendynamik entfaltet, fußt auf Pu Yinghua, S. 59.

6. Kapitel: Leere und Fülle

1 Zum polaren Wortpaar ›Leere und Fülle‹ s. Anm. 3, S. 90.

2 Nähere Erläuterungen dieses Vorganges bei Li Ling, 2008, S. 42, 431 ff.

3 *Ming:* ›Schicksal‹ (vgl. Li Ling, 2007, S. 40. Liu Ling / Wu Xubin, S. 48).

4 Angeblich soll Meister Sun im Jahr 512 v. Chr. seinen *Kriegskanon* dem König He Lü von Wu überreicht haben. Yue und Wu waren Nachbarländer und miteinander verfeindet. Im Jahre 475 v. Chr. wurde das Reich Wu von Yue vernichtet (vgl. Hattori, S. 414; von Senger, *Strategeme*, Bd. 1: »10.3 Der König als Pferdeknecht«; Bd. 2: »31.11 Drei Jahre Ausbildung für eine Sex-Mission«, »34.13 Täglich bittere Galle«). Es gibt freilich Kommentatoren, die diese Stelle als schadhaft betrachten, denn zu der Zeit, als Meister Sun mit He Lü gesprochen haben soll, sei Yue gar nicht stark gewesen, daher sei der Satz allenfalls hypothetisch zu verstehen. Nach einer anderen Deutung ist *Yue* ein falsches Schriftzeichen für das damals starke Reich Chu, das aber das Reich Wu gar nicht im Visier gehabt habe. Die Stelle sei wie folgt zu übersetzen: »*So* wie ich es einschätze, *verfügt der feindliche* Mann *in* Chu zwar *über* viele Soldaten …«; auch in dieser Formulierung sei die Aussage hypothetisch gemeint (vgl. Gu Li, S. 134).

5 *Xing:* hier ›Situation‹. Bei dieser Übersetzung stütze ich mich auf Li Ling, 2008, S. 412, wonach *xing* vor allem »die objektiven, allgemeinen, leicht sichtbaren Faktoren eines Kriegsgeschehens« bezeichne.

6 *Wu xing:* ›die fünf Wandlungszustände‹, auch als ›die fünf Elemente‹ übersetzt. Gemeint sind Metall, Holz, Wasser, Feuer, Erde, nach alter Auffassung Grundbestandteile der Welt. Dabei galt die Vorstellung, dass Metall über Holz, Holz über Erde, Erde über Wasser, Wasser über Feuer und Feuer über Metall siegt. So kann Erde eine Wasserlache zudecken und absorbieren und über das Wasser siegen. Aber das Wasser des nächsten Regengusses schwemmt die Erde weg, und es entsteht wieder eine Wasserlache. Der Sieg der Erde über das Wasser war von kurzer Dauer. So verhält es sich gemäß *Meister Suns Kriegskanon* auch mit militärischen Kräftekonstellationen. Keine besteht ewig (vgl. Gu Li / Qi Wen, S. 138; s. Marc Winter, »Suggestions for a Re-Interpretation of the Concept of Wu xing [=fünf Wandlungszustän-

de] in the Sunzi bingfa«, in: *Bulletin of the Museum of Far Eastern Antiquities* 76 (2004) S. 129–162).

7. Kapitel: Das Ringen der Armeen

1 *Fa:* ›Regel‹ (übersetzt nach Li Ling, 2008, S. 433).
2 *Bing yi zha li:* ›Krieg beruht auf List‹. Meist wird hier als Übersetzung ›Täuschung‹ benutzt. Das, was aber im Text von *Meister Suns Kriegskanon* auf diesen Satz folgt, hat in erster Linie mit Überraschung zu tun. Daher erscheint das Wort ›List‹ als geeigneter als das Wort ›Täuschung‹. Wie in Anm. 16, S. 82f. hervorgehoben, wird ›List‹ in einem weiten Sinne verwendet. Demnach gibt es mit Täuschungen arbeitende, aber auch täuschungsfreie List (zum Schriftzeichen *zha* s. von Senger, *Strategemische Weisheit*, S. 54ff.).
3 *Lüe xiang fen zhong* ist nach einer anderen Deutung folgendermaßen zu verstehen: »*Nach* Beutezüg*en* in feindlich*en* Dörfern verteilt man die Beute an die Menge *der Soldaten*« (vgl. Hattori, S. 442).
4 *Kuo di fen li* ist nach einer anderen Deutung folgendermaßen zu verstehen: »*Bei der* Ausweitung des besetzten Gebietes verteilt man die nutz*bringenden Landstriche an verdienstvolle Armeeangehörige, auf dass sie im sicheren Besitz des angreifenden Landes verbleiben*« (vgl. Hattori, S. 442).
5 »Ordinanz«: im Sinne von »Befehl« (vgl. https://lexika.digitale-sammlungen.de/adelung/lemma/bsb00009133_3_0_517#:~:text=Auf%20Ordinanz%20seyn%2C%20einen%20Befehl,werden%2C%20Ordinanz%2DReiter%20hei%C3%9Fen).
6 *Duo* wird als Lehnschriftzeichen für *shi* ›benutzen‹, angesehen (vgl. Gu Li / Qi Wen, S. 153).
7 Diese Stelle findet sich in: Cao Cao, S. 173; Li Ling, 2007, S. 51. Sie kommt nicht vor beispielsweise in: Gu Li / Qi Wen, S. 8, Hattori, S. 443f.; Ames, S. 128. Li Ling, 2007, S. 52, weist darauf hin, dass die Stelle in dem 1972 am Fuße des Silbersperlingbergs gefundenen Manuskript von *Meister Suns Kriegskanon* fehlt.

8. Kapitel: Neun Lageanpassungen

1 Ich übernehme die auf ein 1972 ausgegrabenes Textfragment fußende Ansicht, gemäß welcher der letzte Satz betreffend manchmal nicht zu befolgende Befehle des Fürsten eine allgemeine Regel darstellt, die nicht zu den davor stehenden neun konkreten Lageanpassungsregeln hinzuzuzählen ist (vgl. Ames, S. 290).

2 *Wu li:* »die fünf Vorteile«. Entsprechend einer Deutung sind es die Vorteile, die sich bei der Befolgung folgender Regeln ergeben: 1. *Es* gibt Pfad*e*, *denen man* nicht folgt. 2. *Es* gibt Armeen, *gegen die man* nicht losschlägt. 3. *Es* gibt Städt*e*, *die man* nicht angreift. 4. *Es* gibt Gelände, *um das man* nicht ringt. 5. *Es* gibt Befehl*e des* Fürst*en*, *die man* nicht entgegennimmt (vgl. Li Ling, 2007, S. 57).

9. Kapitel: Die Armee auf dem Marsch

1 *Chu:* ›positionieren‹, ›Stellung beziehen‹; wird auch im eingeschränkten Sinne von ›ein Lager aufschlagen‹ ausgelegt (vgl. Li Ling, 2007, S. 61). Das Wort ist aber offensichtlich in einem weiten Sinne zu verstehen (vgl. Yang Yi / Ma Yinqin, S. 85). Es geht um die je nach Geländeform unterschiedliche Positionierung einer Armee während eines Marsches, im Hinblick auf ein Gefecht oder beim Bezug eines Lagers (Ma Junying, S. 122).

2 *Shui:* eigentlich ›Gewässer‹. Entsprechend den meisten Kommentatoren bezieht sich das Wort auf Flüsse (vgl. Gu Li / Qi Wen, S. 10; Wu Jiulong, S. 145, 166; Liu Ling / Wu Xubin, S. 55; Hattori, S. 482).

3 *Ke:* ›Gast‹. In der antiken chinesischen Militärterminologie bezeichnet das Wort ›Gast‹ den Feind, der in ein fremdes Land eingefallen ist und sich dort aufhält (vgl. von Senger, *Strategeme*, Bd. 2: »Strategem 30. Die Rolle des Gastes in die des Gastgebers umkehren«).

4 Eine andere Deutung lautet: »*Bei einem Waffengang in einem Fluss sollte man* nicht *in Booten* gegen *die* Flussströmung angehen« (vgl. Hattori, S. 484). Einige Kommentatoren bestreiten allerdings, dass in *Meister Suns Kriegskanon* irgendeine Bemerkung über militärische Operationen auf Gewässern zu finden sei (vgl. Gu Li / Qi Wen, S. 175).

5 Eine andere Deutung lautet: »… *wobei es das* Beste *ist, wenn die*

Armee im Rücken *eine* Anhöhe *als Rückhalt hat«* (Liu Ling / Wu Xubin, S. 55).

6 Der Gelbe Kaiser (angeblich 2674–2578 v. Chr.), ein mythischer Kulturheros, u. a. angeblich der Ahnvater der antiken chinesischen Militärtheorie, soll der Überlieferung nach in 70 Kriegen zahlreiche unbotmäßige Lokalmatadore in allen vier Himmelsrichtungen bezwungen und schließlich das Reich befriedet haben. Hinsichtlich der Frage, wer genau mit den »vier Herrschern« gemeint sei, gehen die Meinungen der Kommentatoren auseinander (vgl. Gu Li / Qi Wen, S. 177f.; Li Ling, 2006, S. 259ff.; Hattori, S. 485 f.). Gemäß neuen Textfunden soll es sich bei den »vier Kaisern« um einen Roten Kaiser im Süden, einen Grünen Kaiser im Osten, einen Weißen Kaiser im Westen und einen Schwarzen Kaiser im Norden gehandelt haben. Vielleicht waren sie Ahnväter der Völkerschaften in den vier Himmelsrichtungen (vgl. Li Ling, 2006, S. 260; Ames, S. 293).

7 Nach einer anderen Deutung: »ein Gelände mit bequemen Transportwegen und reich an Ressourcen« (vgl. Liu Ling / Wu Xubin, S. 56).

8 »Hundert« im Sinne von »viele« (vgl. Li Ling, 2007, S. 61).

9 *Tian:* ›Himmel‹, ›himmelsgegeben‹. Gemeint sind von der Natur geformte, einem Brunnenloch gleichende Gruben. In diesem Sinne ist ›Himmel‹ auch bei den folgenden vier Ausdrücken zu verstehen (vgl. Gu Li / Qi Wen, S. 182).

10 Eine andere Deutung lautet: »... *weil feindliche Soldaten* Geäst hinter sich herziehen, *um den Aufmarsch einer großen Armee vorzutäuschen«* (vgl. Gu Li / Qi Wen, S. 11).

11 Gu Li / Qi Wen, S. 187; andere Deutungen lauten: »... *dann* hofft *der Feind sehnlichst auf einen Waffengang mit unserer Armee«* (vgl. Liu Ling / Wu Xubin, S. 57); »... *dann* will *der Feind seine Armee für einen Waffengang* zusammenziehen« (vgl. Li Ling, 2007, S. 65).

12 Eine andere Deutung lautet: »*Zieht der Feldherr* zunächst ungestüm *gegen die feindliche Armee ins Feld, bekommt es* dann *aber angesichts von deren* Menge *und Stärke mit der* Angst *zu tun ...«* (vgl. Hattori, S. 495).

13 Eine andere Deutung lautet: »... genügt es, *dann, wenn die feindlichen und die eigenen* Kräfte gleich *sind,* Klarheit *über die Lage beim* Feind *zu gewinnen und sich mit Hilfe von Strategemen der feindlichen* Männer *zu* bemächtigen ...« (vgl. Liu Ling / Wu Xubin, S. 58).

14 Im ersten Kapitel »Kalküle« werden fünf Feldherrentugenden aufgezählt. Davon gelten Weisheit, Glaubwürdigkeit und Güte als »zivile« und Kühnheit sowie Strenge als »militärische« Tugenden. (Vgl. Hattori, S. 499 f.)

10. Kapitel: Geländeformen

1 *Ju gao yang:* »eine *er*höhte *be*sonnte Stelle besetzen« (übersetzt nach Ma Junying, S. 138). Der Hinweis auf die Sicherung der Nahrungsnachschubwege deutet darauf hin, dass es weniger um die Einnahme einer Gefechtsstellung als um eine Terrainsicherung geht.

2 Andere Deutung: »... *wenn der* Feldherr ihre Fähigkeit*en* nicht *richtig einzuschätzen* weiß« (Li Ling, 2007, S. 70; Hattori, S. 508).

3 Liu Ling / Wu Xubin, S. 61; Gu Li / Qi Wen, S. 13; Li Ling, 2008, S. 71.

4 *Ying'er:* ›Kinder unter drei Jahren‹ (vgl. Hattori, S. 513). Nicht nur in antikchinesischen Texten werden Kleinkinder mit Soldaten in Zusammenhang gebracht. Auch der moderne westliche Militärterminus »Infanterie« hat mit Kleinkindern zu tun, geht er doch auf das italienische »infante« in seiner älteren Bedeutung ›Fußsoldat‹, ›(Edel-)Knabe‹, eigentlich ›kleines Kind‹, zurück (vgl. *Brockhaus Enzyklopädie*, Bd. 10, Mannheim 1989, S. 488).

11. Kapitel: Neun Gebietsarten

1 *Zheng di:* »ein *vom Feind und von mir unbedingt zu* erringend*es* Gebiet«. Dies dürfte eine antikchinesische Ausdrucksweise für den heute gebräuchlichen Ausdruck »strategisches Gebiet« sein (vgl. Gu Li / Qi Wen, S. 213; Yang Yi / Ma Yinqin, S. 112).

2 *Qi suo ai:* »etwas, das *der Feind* liebt«. Dies dürfte eine antikchinesische Ausdrucksweise für den heute gebräuchlichen Ausdruck »strategisch« sein (vgl. Gu Li / Qi Wen, S. 216; Yang Yi / Ma Yinqin, S. 113; Liu Ling / Wu Xubin, S. 63). Vgl. auch Anm. 1, S. 96.

3 Zhuan Zhu wurde im Königreich Wu vom Prinzen Guang beauftragt, König Liao von Wu zu beseitigen. Als Prinz Guang in

seiner Residenz König Liao bewirtete, war dafür gesorgt, dass im Bauch eines zum Mahl aufgetragenen Fisches ein kleines Schwert verborgen war. Zhuan Zhu nahm es aus dem Fischbauch und erstach damit König Liao. Dieser hatte zu dem Bankett ein mächtiges Aufgebot an Sicherheitskräften mitgebracht, von denen Zhuan Zhu unmittelbar nach der Tat getötet wurde. Prinz Guang bestieg als König Helü den Thron von Wu, den er von 526 bis 515 v. Chr. innehatte. Zhuan Zhu wird hier wegen seines den Tod nicht fürchtenden Mutes bei der Erfüllung eines Auftrags hervorgehoben (vgl. Hattori, S. 534; Schaab-Hanke, S. 179f.).

4 Cao Mo, ein General des Herzogs Zhuang von Lu (693–662 v. Chr.), hatte in drei gegen das Herzogtum Qi geführten Kriegen Niederlagen erlitten, weshalb Lu bedeutende Landstriche an Qi verlor. Darüber empfand Cao Mo große Scham. Während einer Konferenz von Herzog Zhuang von Lu und Herzog Huan von Qi bedrohte er den Herzog Huan mit einem Schwert und zwang ihn auf diese Weise, die von Lu erbeuteten Ländereien wieder an Lu zurückzugeben. Wie Zhuan Zhu, so wird hier auch Cao Mo wegen der Todesverachtung, die er bei seiner Tat an den Tag legte, gewürdigt (vgl. Hattori, S. 534f.; Schaab-Hanke, S. 179f.).

5 Shuairan war eine sagenhafte Schlange mit blitzschnellen Reaktionen; auf sie beziehen sich Ausdrücke wie »Changshan-Berg-Schlachtordnung« und »die Konstellation der Schlange vom Changshan-Berg«. Dabei wird aufgrund der in diesen Ausdrücken gebrauchten Schreibweise von »Changshan« vermutet, dass ein Berg in der heutigen Provinz Zhejiang gemeint ist (vgl. Gu Li / Qi Wen, S. 219).

6 Zwischen den Herrschern der beiden Länder bestand eine jahrzehntelange Feindschaft, die sogar in den jeweiligen Bevölkerungen ihren Niederschlag fand (vgl. Hattori, S. 536; von Senger, *Strategeme*, Bd. 1: »5.2 Gou Jians Geduld«, Bd. 2: »31.11 Drei Jahre Ausbildung für eine Sex-Mission«).

7 Nach Hattori, S. 537. Diese Stelle legen chinesische Kommentatoren auch anders aus, z.B.: »*Will man den vollen Kampfeinsatz* sowohl *der* harten *als auch der* weichen *Männer in der Armee* erlangen, *muss man die für die verschiedenen Gebietsarten geltenden* Regeln *befolgen*« (Sun Wu, S. 232) oder »*Will man bei einem Armeeeinsatz den* Nutzen *von* Härte, *wo Härte angebracht ist, und von* Nachgiebigkeit, *wo Nachgiebigkeit angebracht ist*, erlangen, *muss man die für die verschiedenen*

Gebietsarten geltenden Regel*n befolgen*« (Gu Li / Qi Wen, S. 219).

8 Eine andere Deutung lautet: »*Wenn es daher ein Feldherr [...] fertigbringt, dass die ganze Armee seine Befehle so befolgt* wie ein *einziger* Mann, *den er an der* Hand nimmt *und des Weges führt, so ist dies das Ergebnis* [...]« (vgl. Hattori, S. 538).

9 *Yu* wird als phonetisches Lehnschriftzeichen für *shi*, d.h. ›einsetzen‹, angesehen (vgl. Gu Li / Qi Wen, S. 220).

10 Hierauf geht die Strategemformel Nr. 28 im Katalog der *36 Strategeme* zurück (vgl. von Senger, *Strategeme*, Bd. 2: Strategem Nr. 28 »Auf das Dach locken und dann die Leiter wegziehen«).

11 *Fen zhou po fu:* »*die* Boote verbrennen *und die* Kochkessel zerschlagen«. Dieser Passus, der sich bei Giles, S. 133, findet, ist in keiner der eingesehenen neuen Ausgaben von *Meister Suns Kriegskanon* aufgenommen worden, insbesondere nicht in Cao Cao, S. 294 (vgl. ferner: Li Ling, 2007, S. 107; Hattori, S. 541; Ames, S. 154).

12 Über das 11. Kapitel »Neun Gebiets*arten*« wird gesagt, dass es als in chaotischer Weise zusammengestückelt erscheine (Li Ling, 2008, S. 72). So kommt es, dass der Wortlaut dieses Kapitels unterschiedlich wiedergegeben wird. Beispielsweise ist der Abschnitt 11.8 in einigen Ausgaben enthalten (vgl. Cao Cao, S. 297f.; Wei Rulin, S. 213; Li Ling, 2008, S. 73, Ames, S. 154), in anderen aber fehlt er (vgl. Gu Li / Qi Wen, S. 14; Hattori, S. 42, 539), und zwar deshalb, weil dessen Inhalt anderswo in *Meister Suns Kriegskanon* wiedergegeben werde.

13 Übersetzt nach Gu Li / Qi Wen, S. 15; eine andere Deutung lautet: »... werde ich dafür sorgen, dass die Soldaten beieinander bleiben« (Li Ling, 2008, S. 82).

14 Hattori, S. 526 (vgl. als Beispiel von Senger, *Strategeme*, Bd. 2: »28.2 Die Kochkessel zerschlagen und die Boote versenken«).

15 *Yi:* »ein*er dieser Belange*«. Laut Hattori, S. 545, bezieht sich diese Aussage auf die neun Gebietsarten, laut Li Ling, 2007, S. 84, auf alle oben genannten Punkte.

16 *Tianxia:* ›unter dem Himmel‹, ›das Himmelsuntere‹. Gemeint ist das damalige chinesische Gesamtreich, über das nominell bis 256 v. Chr. der König von Zhou herrschte (vgl. Hattori, S. 545).

17 Nach Hattori, S. 546; Sun Wu, S. 238; Liu Ling / Wu Xubin, S. 66. Eine andere Deutung lautet: »*Bei der* Regelung militäri-

scher Angelegenheit*en* [...] kommt *es* darauf *an, dass man* sorgfältig *die* Absicht*en des* Feind*es* auskundschaftet, *die Kräfte* bündelt *und einen Angriff* gegen ein*en feindlichen Punkt durchführt*, dann *kann man selbst nach einem Anmarsch über eine Entfernung von* tausend Meil*en den feindlichen* Feldherr*n* töten« (vgl. Gu Li / Qi Wen, S. 15; Liu Ling / Wu Xubin, S. 66).

18 *Zhu:* ›vollbringen‹ (vgl. Li Ling, 2007, S. 85; Qi Wen [u.a.], S. 81). Nach einer anderen Deutung: ›entscheiden‹ (vgl. Sun Wu, S. 214, 220).

19 *Mo:* wörtlich ›Tusche‹, lässt an die Richtleine von Zimmerleuten denken (hier nach Guan Feng, in: Sima Qi, S. 146).

12. Kapitel: Angriff mit Feuerunterstützung

1 Sun Wu, S. 261.

2 Hattori, S. 553.

3 Gu Li / Qi Wen, S. 16.

4 *Yin:* ›Gerätschaften‹ (Hattori, S. 559).

5 Es handelt sich um vier von »28 Häusern«, auch »28 Sternbilder«, »28 Mondstationen« genannt. Die alte chinesische Astronomie teilte die Fixsternengruppen in »28 Häuser« ein. Zwei der Sternbilder scheinen in *Meister Suns Kriegskanon* zum ersten Mal schriftlich belegt zu sein. Für wertvolle Hinweise danke ich Professor Ulrich Manthe, Universität Passau.

6 Diese Deutung der Stelle *Zhou feng jiu, ye feng zhi* überwiegt (vgl. Sun Wu, S. 262; Hattori, S. 563; Ames, S. 165; u.a.). Eine andere Version mit dem Schriftzeichen *cong* statt *zhi*, nämlich *Zhou feng cong, ye feng zhi*, wird wie folgt gedeutet: »*Wenn man am hellichten* Tag *auf einen günstigen* Wind trifft *und ein Feuer entfacht, sollte man* in *der* Folge *angreifen. Wenn man in einer* Nacht *auf einen günstigen* Wind *trifft und Feuer entfacht, dann sollte man dies nur zu Zwecken der Zerstörung feindlicher Anlagen tun und von einem Angriff* absehen, *um nicht in der Dunkelheit irgendwelchen Gefahren zum Opfer zu fallen*« (Gu Li / Qi Wen, S. 16).

7 Übersetzt nach Gu Li / Qi Wen, S. 16, 236. Eine andere Deutung lautet: »*Mittels* Wasser kann *man feindliche Heeresteile voneinander* abschneiden, *aber man* kann *damit* nicht *dem Feind den* Garaus machen« (vgl. Li Ling, 2007, S. 89; Li Ling, 2008, S. 87), oder »*Mittels* Wasser kann *man feindliche Hee-*

resteile voneinander abschneiden, *aber man* kann *damit* nicht *die* Güter *des Feindes* vernichten« (Yang Yi / Ma Yinqin, S. 132).

8 *Feiliu:* Lehnausdruck für *zhuiliu*: »überflüssige Perlfransen *am Hut eines Fürsten*«, also ein bloßer Schmuck, der nichts Handfestes bewirkt (vgl. Gu Li / Qi Wen, S. 236). Eine bildliche Umschreibung für letztlich nutzlos verschwendete Militärausgaben und die Landeskräfte vergeudende Truppenoperationen in fernen Ländern.

13. Kapitel: Der Gebrauch von Spionen

1 Gemeint ist das Fürstenhaus (Gu Li / Qi Wen, S. 239).

2 *Neiwai:* »Landauf, landab«, Gu Li / Qi Wen, S. 17. *Nei* (›innerhalb‹) bezieht sich auf den Bereich innerhalb der Hauptstadt und *wai* (›außerhalb‹) auf den hauptstadtexternen Bereich im Landesinneren. Somit bedeutet *neiwai* ›im ganzen Land‹ (Yang Yi / Ma Yinqin, S. 139). Eine andere Deutung lautet: »Im Landesinneren und draußen *an der Front*« (Liu Ling / Wu Xubin, S. 69; Ma Junying, S. 204). Aber an der Front sollte der fähige Feldherr für Ordnung in seiner Armee sorgen. Zwar bricht auch im Feindesland ein Chaos aus, aber im vorliegenden Zusammenhang ist nur von den Kosten eines Krieges für das kriegführende Land die Rede.

3 *Shiwan jia:* »100 000 Familien« (Gu Li / Qi Wen, S. 240). In der traditionellen Fassung von *Meister Suns Kriegskanon* ist von *qishiwan jia*: »700 000 Familien« die Rede (vgl. Gu Li / Qi Wen, ebd.). Gu Li / Qi Wen legen dar, dass dies nicht stimmen könne, habe sich doch die Gesamtbevölkerung Chinas in der fraglichen Zeit auf zwischen 20 und 30 Millionen belaufen. Kein einzelnes Land habe eine Bevölkerung von 700 000 Familien haben können. Die ähnlich aussehenden Schriftzeichen für »zehn« und für »sieben« seien übrigens in den Handschriften der alten Zeit leicht verwechselt worden. Li Ling, 2008, S. 420, spricht sich zugunsten von »700 000 Familien« aus. Denn angenommen, dass zu Beginn dieses Kapitels von einer Armee von 100 000 Mann die Rede sei, liege dem ein Kriegsdienstsystem zugrunde, entsprechend dem Einheiten von je sieben Familien je einen Mann zu stellen gehabt hätten. Somit liege einer Armee von 100 000 Mann eine Gesamtzahl von 700 000 Familien zugrunde. Zu be-

denken ist auch, dass die Ausführungen in *Meister Suns Kriegskanon* nicht unbedingt als Wiedergabe realer bzw. historisch verbürgter Fakten zu lesen sind. Die Zahlenangaben könnten fiktiv sein.

4 *Fei sheng zhi zhu:* »*er ist* nicht Herr über *den* Sieg« (vgl. Liu Ling / Wu Xubin, S. 69; Hattori, S. 573). Einer anderen Deutung zufolge bezieht sich diese Stelle auf den Landesherrn und ist wie folgt zu übersetzen: »*Er ist* nicht *ein Landes*herr, *der* Siege *erringen kann*« (vgl. Liu Ling / Wu Xubin, ebd.; Gu Li / Qi Wen, S. 17).

5 Liu Ling / Wu Xubin, S. 69.

6 Übersetzt nach Gu Li / Qi Wen, S. 17.

7 *Ju:* ›gleichzeitig‹, ›simultan‹ (Gu Li / Qi Wen, S. 17). Eine andere Deutung lautet: ›alle‹, S. 574: »*Wenn man* Spione aller fünf *Arten entweder gleichzeitig oder teilweise gleichzeitig oder der Reihe nach* einsetzt …«.

8 *Xiangjian:* ›heimatlicher Spion‹ (vgl. Gu Li / Qi Wen, S. 242). Eine andere Deutung lautet: ›einheimischer Spion‹, also einfache Leute aus dem Feindesland (vgl. Li Ling, 2007, S. 371). Gu Li / Qi Wen meinen aber, dass aus der Bevölkerung des Feindeslandes stammende Nachrichten für wirklich effiziente, den Sieg sichernde militärische Operationen, um die es in diesem Textabschnitt zu gehen scheint und die nur aus dem Umkreis des Feldherrn stammen könnten, nicht geeignet gewesen seien. Unter der gewöhnlichen Bevölkerung könne es aber auch entlassene und enttäuschte Höflinge gegeben haben, die nützliche Informationen vermitteln konnten, meint Hattori (S. 575).

9 *Meister Suns Kriegskanon* scheint das älteste chinesische Schriftstück zu sein, in dem der Ausdruck *xingming*, d. h. ›Familienname und Vorname‹, vorkommt. In der chinesischen Antike hatten nur Angehörige höherer Kreise einen Familiennamen. Die Kenntnis der Namen feindlicher wichtiger Personen konnte Anhaltspunkte für weitere Abklärungen vermitteln (mündliche Auskunft von Qi Wen, Shanghai, 9. Juni 2010).

10 Hattori, S. 588. Eine andere Deutung lautet: »*Man* stützt *sich* auf diese*n umgedrehten Spion und verschafft sich das* Wissen *darüber, ob die von den eigenen einheimischen Spionen und internen Spionen abgelieferten Berichte stimmen oder nicht, und ob diese daher* einsetzbar *sind oder nicht*« (vgl. Gu Li / Qi Wen, S. 17).

11 *Yin:* ›Yin-Dynastie‹ (ca. 16. – ca. 11. Jh. v. Chr.).

12 Es wird hier auf Ereignisse angespielt, die sich im 16. Jh. v. Chr. zugetragen haben sollen: Yi Zhi soll ein Sklave aus der Dynastie Xia (ca. 21. – ca. 16. Jh. v. Chr.) gewesen sein. Als Shang Tang, der Gründer der Yin-Dynastie, eine Frau aus den Kreisen der Xia-Dynastie geheiratet hatte, war Yi Zhi als Brautbeigabe zu Shang Tang gelangt. Yi Zhi hat Shang Tang bei der Bezwingung des Xia-Herrscherhauses beigestanden und sich große Verdienste erworben. Yi Zhi war zwar kein Spion, wusste aber über die Verhältnisse unter der Xia-Dynastie sehr gut Bescheid und übte damit gewissermaßen die Funktion eines umgedrehten Spions aus (vgl. Gu Li / Qi Wen, S. 246).

13 *Xia:* ›Xia-Dynastie‹ (ca. 21. – ca. 16. Jh. v. Chr.).

14 *Zhou:* ›Zhou-Dynastie‹ (ca. 11. Jh. – 256 v. Chr.).

15 Es handelt sich hier um eine Anspielung auf Ereignisse, die sich im 11. Jh. v. Chr. zugetragen haben sollen. Als König Wu den König Zhou von der Yin-Dynastie besiegte, stand ihm Lü Ya bei, der unter der Yin-Dynastie nicht in den Dienst genommen worden war und sich daher in den Herrschaftsbereich des Königs Wu begeben hatte. Hier soll es ihm durch ein Strategem gelungen sein, die Aufmerksamkeit von König Wu auf sich zu lenken (vgl. von Senger, *Strategeme*, Bd. 1: »17.10 Fischer auf Königsfang«). Mit Lü Yas Hilfe stürzte König Wu die Yin-Dynastie und gründete die Zhou-Dynastie. Wie Yi Zhi war auch Lü Ya kein Spion, aber er wirkte dank seinem Wissen über die Interna der Yin-Dynastie wie ein umgedrehter Spion. Dass Yi Zhi und Lü Ya als Beispiele für umgedrehte Spione angeführt werden, wird von vielen Kommentatoren kritisiert, doch wird in Erwägung gezogen, dass der oder die Verfasser von *Meister Suns Kriegskanon* vielleicht auf inzwischen verlorengegangene und daher heute unbekannte Überlieferungen über die beiden Personen Bezug genommen haben könnte bzw. könnten.

Literaturhinweise

Ausgaben

Ma Junying (Chefredakteur): Sun Zi Bingfa (Meister Suns Kriegskanon). Beijing 2004.

Sun Wu: Sun Zi Bingfa (Meister Suns Kriegskanon). Beijing 2008.

Wang Zhengxiang: Sun Zi Shisan Pian Zhujianben Jiaoli (Meister Suns Dreizehn Kapitel *auf* Bambusstreifen, überprüft *und* geordnet). Beijing 2009.

Yinqueshan Han Mu Zhujian (*Aus der* Han-*Zeit stammende* Bambusstreifen *vom* Silbersperlingberg). Beijing 1976.

Kommentare

Cao Cao deng: Shiyi Jia Zhu Sun Zi (Elf *Militär*experten erläutern Meister Sun). Shanghai 1978.

Feng Guochao: Sun Zi Bingfa (Meister Suns Kriegskanon). Beijing 2009.

Gu Li (Chefredakteur) / Qi Wen (Stellvertretender Chefredakteur): Sun Zi Bingfa Da Cidian (Großes Lexikon *zu* Meister Suns Kriegskanon). Shanghai 1994.

Guo Huaruo: Sun Zi Bingfa (Meister Suns Kriegskanon). Shanghai ^{11}2009.

Hattori Chiharu: Sun Zi Bingfa Jiaojie (Meister Suns Kriegskanon, überprüft *und* erklärt). Beijing 1987.

Jullien, François: Traité de l'efficacité. Paris 1996. [Deutsche Ausg.: Über die Wirksamkeit. Berlin 1999.]

Li Ling: Bing Yi Zha Li: Wo Du Sun Zi (Krieg beruht auf List: Ich lese Meister Sun). Beijing 2006.

– Sun Zi Yi Zhu (Meister Sun, *ins moderne Chinesisch* übersetzt *und* erläutert). Beijing 2007.

– *Sun Zi* Shisan Pian Zonghe Yanjiu (Umfassende Untersuchung *der* dreizehn Kapitel *von* ›Meister Sun[s Kriegskanon‹]. Beijing ^{2}2008.

Liu Ling / Wu Xubin (Chefredakteure): Sun Zi Bingfa Shiyong Dadian (Großes praktisches Standardwerk *betreffend* Meister Suns Kriegskanon). Beijing 1995.

Shizuo Amano: Soshi (Meister Sun). Tokyo 1975.

Tang Manxian: Sun Zi Bingfa Jin Yi (Meister Sun*s* Kriegskanon *in* modern*er* *chinesischer* Übersetzung). Nanchang ^{7}1990.

Wan Tongling (Chefredakteur): Zhongguo Gudai Bingfa Daquan (Groß*es* Kompendium *von aus unterschiedlichen Quellen des* chinesisch*en* Altertums *zusammengestellten Grundsätzen und Regeln betreffend Armeeeinsatz* und Krieg*führung*). Beijing 1994.

Wang Guiyuan / Ye Guigang / Zeng Hu (Chefredakteure): Zhongguo Gudai Bingshu Mingzhu Jinghua. Baihua Ben (Auslese *von* berühmt*en* Werk*en aus dem Bereich der* Kriegsbüch*er des* chinesisch*en* Altertum*s*. Ausgabe *in* modern*er* [*chinesischer*] Literatursprache). Beijing 1993.

Wang Hanguo: Sun Zi Bingfa Daodu (Wegleitung zur Lektüre von Meister Suns Kriegskanon). Yilan (Taiwan) 2004.

Wei Rulin: Sun Zi Jin Zhu Jin Yi (Meister Sun *mit* zeitgenössisch*en* Anmerkung*en* *und* *in* zeitgenössisch*er* Übersetzung). Taibei 1984.

Wu Jiulong: Sun Zi Jiaoshi (Meister Sun*s* *Kriegskanon* überprüft *und* erläutert). Beijing 1990.

Wu Rusong: Sun Zi Bingfa Shiwu Jiang (15 Lektionen über Meister Sun*s* Kriegskanon). Beijing 2010.

Yang Yi (Chefredakteur) / Ma Yinqin (Kommentar, Fußnoten): Sun Zi Bingfa Pingzhu (Meister Suns Kriegskanon, kommentiert *und mit* Fußnot*en* versehen). Changsha 2006.

Übersetzungen

Ames, Roger T.: Sun-Tzu. The Art of War. The First English Translation Incorporating the Recently Discovered Yin-Ch'üeh-Shan Texts. New York 1993.

Giles, Lionel: Sun Tzu on the Art of War. The Oldest Military Treatise in the World. Shanghai/London 1910. – Nachdr. Taibei 1964.

Griffith, Samuel B.: Sun Tzu. The Art of War. London [u. a.] 1963. – Sun Zi. Die Kunst des Krieges. Köln 2006.

Klöpsch, Volker: Sunzi. Die Kunst des Krieges. Frankfurt a. M. / Leipzig 2009.

Lévi, Jean: Sun Tzu. L'art de la guerre. Paris 2000.

Mair, Victor H.: The Art of War. Sun Zi's Military Methods. New York 2007.

Minford, John: The Art of War. Sun-tzu (Sunzi). New York 2003.
Niquet, Valérie: Sun Zi. L'art de la guerre. Paris 2006.
Sawyer, Ralph D.: Sun Tzu. Art of War. Boulder (Colorado) 1994.
Tao Hanzhang: Sun Tzu's Art of War. The Modern Chinese Interpretation. Übers. von Yuan Shibing. New York 1987.
Zhong Yingjie: Sun Zi über die Kriegskunst – Sun Bin über die Kriegskunst. Beijing 2007.

Sekundärliteratur

Clausewitz, Carl von: Vom Kriege. Als Handbuch bearbeitet und mit einem Essay »Zum Verständnis des Werkes« hrsg. von Wolfgang Pickert und Wilhelm Ritter von Schramm. Pfaffenhofen 1969.
– Vom Kriege. Auswahl. Hrsg. von Ulrich Marwedel. Stuttgart 1994.
Detweiler, Christopher: An Introduction to the Modern Chinese Science of Military Supraplanning. Diss. Freiburg 2010. [www.freidok.uni-freiburg.de/volltexte/7726/]
Li Jian: Shangjia Du Sun Zi Bingfa (Meister Suns Kriegskanon *als* Lektüre *für den* Geschäftsmann). Beijing 2003.
Liu Ling (Chefredakteur): Junshi Yuyanxue (Militär-Linguistik). Beijing 1990.
Pu Yinghua / Hua Mingliang (Chefredakteure): Bai Zhan Bai Sheng – Sun Zi Bingfa (Hundert Waffengänge, hundert Siege – Meister Suns Kriegskanon). Beijing 1994.
Qi Wen [u. a.]: Sun Zi Bingfa Shi Jiang (Sechs Lektion*en über* Meister Suns Kriegskanon). Shanghai 2007.
Schaab-Hanke, Dorothee: Dolchstecher, Bluträcher – Warum hat das *Shiji* ein ›Attentäterkapitel‹? In: Oriens extremus 47 (2008) S. 177 ff.
Shiga Shuzo: Criminal Procedure in the Ch'ing Dynasty: with Emphasis on its Administrative Character and Some Allusion to its Historical Antecedents (II). In: Memoirs of the Research Department of the Toyo Bunko 33 (1975) S. 115–138.
Sima Qi (Chefredakteur): Shi Jia Lun Sun (Sechs Fachleute erörtern *Meister* Sun). Shanghai 2008.
Stahel, Albert A.: Clausewitz und Sun Tzu: Zwei Strategien. In: Schweizer Monatshefte 61 (1981) S. 859 ff.

Tao Hanzhang: Sun Zi Bingfa Gailun (Einführung in Meister Suns Kriegskanon). Lanzhou 1985.

von Senger, Harro: Strategemische Weisheit: Chinesische Wörter im Sinnbezirk der List. In: Archiv für Begriffsgeschichte. Bd. 39. Bonn 1996. S. 27 ff.

– 36 Strategeme. Lebens- und Überlebenslisten aus drei Jahrtausenden. 2 Bde. in einem Bd. Frankfurt a. M. 2011.

– Moulüe in the Hongloumeng and in the Nibelungenlied (Song of the Nibelungs). First steps of a Comparison. In: European Journal of Sinology 5 (2014) S. 38–60. Online unter https://shop.falter.at/detail/9783865153654.

– Diyi bu Ruishi »Sun Zi Bingfa« fanyiben de yi ge tedian (Eine Besonderheit der ersten schweizerischen Übersetzung von *Meister Suns Kriegskanon*). In: »Hebi Xi Zhong – Qingzhu Gubin Jiaoshou Gishi Shouzhen Wenji« (»Open Horizon. Essays in Honour of Wolfgang Kubin. Festschrift für Wolfgang Kubin zum 70. Geburtstag«). Beijing 2016. S. 505–509.

– Die List. Frankfurt a. M. [5]2017.

– Zhimou de kuangyuan zai Zhongguo (Der Ursprung des Einfallsreichtums in China). In: Shijie Bingsheng (Militärische Genies in der Welt) 7 (Juni 2017) S. 89.

– Menschenbilder Ost und West am Beispiel von Wang Xifeng (»Traum der Roten Kammer«) und Kriemhild (»Nibelungenlied«). In: H. C. Günther (Hrsg.): »Menschenbilder Ost und West, East and West. Philosophy, Ethics, Politics and Human Rights«. Bd. 6. Nordhausen 2018. S. 233–262. Online unter https://freidok.uni-freiburg.de/fedora/objects/freidok:166823/datastreams/FILE1/content.

– Moulüe-Supraplanung: Unerkannte Denkhorizonte aus dem Reich der Mitte. München [2]2018.

– 36 Strategeme für Juristen. Bern 2020.

Wang Huqiang: Sun Zi Bingfa Yu Xinxihua Zhanzheng (The Art of War of Sunzi and the Informationized War). Beijing 2004.

Xu Yuanxiang / Li Jing: Sun Tzu. The Ultimate Master of War. Beijing 2006.

Zhong Yongsen: Sun Zi Bingfa Yu Zhanlüe Guanli (Meister Suns Kriegskanon und *das* strategische Management). Nanjing 2010.

Zhongguo Dabaike Quanshu, Junshi. Zhongguo Gudai Bingqi Fence (Große chinesische Enzyklopädie. Militaria. Teilband über Waffen in der chinesischen Antike). [o. O.] 1987.

Internetseiten

http://www.36strategeme.ch
http://www.36stratagems.com
http://www.dastaoderschweiz.ch
http://www.supraplanung.eu

Nachwort

Der Verfasser und sein Werk

Von den über 4000 Kriegsbüchern aus dem vorkaiserlichen und kaiserlichen China (um 1500 v. Chr. – 1911 n. Chr.)[1] gilt *Meister Suns Kriegskanon* als das herausragendste.[2] In den führenden Kreisen der Volksrepublik China genießt es höchstes Ansehen. Bei seinem ersten Staatsbesuch in den USA im April 2006 hat der chinesische Staatspräsident Hu Jintao dem amerikanischen Präsidenten George W. Bush in einem hübschen Kasten *Meister Suns Kriegskanon* in einer chinesischen und in einer auf Seide gestickten englischen Sonderausgabe überreicht. Auch für andere Mitglieder der Bush-Administration brachte er Exemplare des Buches mit.[3] Und im August 2010 besuchten hochrangige militärische und politische Persönlichkeiten in der chinesischen Hauptstadt gar eine aus musikalisch und szenisch untermalten Rezitationen bestehende Bühnenbearbeitung des *Kriegskanons*.[4]

Die genaue Entstehungszeit dieses dermaßen gefeierten

1 Li Ling, 2006, S. 3.

2 Vgl. Xin He, »Tianxia diyi bingshu (Das Kriegsbuch Nr. 1 unter dem Himmel)«, in: *Zhongguo Qingnian Bao*, Beijing, 27. Dezember 1997, S. 7.

3 Bernhard Bartsch, »›Das Beste ist wegzulaufen‹: Chinesisches Gastgeschenk gibt Nachhilfe in Kriegskunst«, in: *Berliner Zeitung*, 21. April 2006, S. 7; s. auch »Hu's gift to Bush«, http://sun-bin.blogspot.com/2006/04/hus-gift-to-bush-art-of-war.html.

4 »Bing Dao – Sun Zi Bingfa qingjing yongsong ju zai Jing yanchu. Xu Caihou Yan Juanqi chuxi guankan« (Der Weg des Krieges – Das szenisch untermalte musikalisch-rezitative Bühnenstück *Meister Suns Kriegskanon* wurde in Beijing aufgeführt. [Das Mitglied des Politbüros des Zentralkomitees der Kommunistischen Partei Chinas und stellvertretender Vorsitzender der Zentralen Militärkommission] Xu Caihou und [die stellvertretende Vorsitzende des Ständigen Ausschusses des Nationalen Volkskongresses Frau] Yan Juanqi befanden sich unter den Zuschauern), in: *Renmin Ribao*, Beijing, 28. August 2010, S. 4.

Werkes und die Identität des Mannes, der es geschrieben haben soll, sind freilich umstritten.[5] Allerdings ist eine solche skeptische Haltung in der Volksrepublik China selten anzutreffen. Zwar wurden im Reich der Mitte schon in der Song-Zeit (960–1279 n.Chr.) von Mei Yaochen (1002–1060) Zweifel an Meister Suns Stellung als Urheber des *Kriegskanons* geäußert, und ebenfalls in der Song-Zeit stellte Ye Shi (1150–1223) sogar die Existenz von Meister Sun in Frage.

In der Gegenwart tritt als Skeptiker Li Ling (geb. 1948), seit 1985 Professor an der Fakultät für chinesische Literatur der Beijing-Universität und Verfasser mehrerer Bücher über *Meister Suns Kriegskanon*, auf.[6] Er versucht nachzuweisen, dass der *Kriegskanon* nicht das Werk eines Einzelnen sei, sondern in der Zeitspanne vom Ende der Frühlings- und Herbstperiode (um 770–476 v. Chr.) bis zur Mitte des Zeitalters der Streitenden Reiche (475–221 v. Chr.) von verschiedenen Vertretern einer sogenannten »Lehrrichtung des Meisters Sun« verfasst worden sei.[7] In der Volksrepublik China scheinen Li Lings Überlegungen kaum Widerhall zu finden. In den mir vorliegenden in der Volksrepublik China in jüngster Zeit erschienenen Ausgaben von *Meister Suns Kriegskanon* wird die Geschichtlichkeit der Person des Meisters Sun zumeist nicht angezweifelt und dessen Urheberschaft am *Kriegskanon* zwar problematisiert[8], aber schließlich grundsätzlich meist bejaht.[9] Des Öfteren wird Meister Sun diskussionslos als Verfasser des *Kriegskanons* hingestellt[10], so in der 2009 erschienenen

5 Hou Jueliang, »Early Chinese Philosophers: Military Strategists Sun Wu and Sun Bin«, in: *China Reconstructs* 12 (1986) S. 59.

6 Gu Li / Qi Wen, S. 559ff.

7 Li Ling, 2008, S. 355.

8 Liu Ling / Wu Xubin, S. 10.

9 Liu Ling / Wu Xubin, S. 8; Gu Li, S. 13; Sun Wu, Vorwort. Zwei der wenigen Autoren, die Li Ling zustimmend anführen, sind Yang Yi / Ma Yinqin, S. VI.

10 Z.B. von Wu Jiulong, Vorwort, S. 1.

Ausgabe der großen Shanghaier Enzyklopädie *Cihai* (»Wortmeer«).[11]

Demnach war ein Mann mit dem Geschlechtsnamen Sun und dem Vornamen Wu, also Sun Wu, Verfasser des Werkes. Er soll gegen Ende der Frühlings- und Herbstperiode (um 770–476 v. Chr.) gelebt haben. In dieser Zeitspanne blickte China bereits auf etwa 1500 Jahre Militärgeschichte zurück. Schon in der Xia- und Shang-Zeit (ca. 21. – ca. 11. Jh. v. Chr.) soll es militärische Institutionen gegeben haben. Diese übernahm und entfaltete die Zhou-Dynastie (ca. 11. Jh. – 256 v. Chr.).[12] Die Zhou-Könige geboten zunächst über eine Zentralarmee und regionale Armeen. Das ganze Land war in Form von Lehen an Verwandte und Gefolgsleute des Königshauses verteilt. Das Reichsgebiet gliederte sich unter der Oberhoheit des Zhou-Königs in eine Vielzahl von kleinen Ländern und Klan-Gebieten auf, zwischen denen es zu Auseinandersetzungen und Kriegen kleineren Ausmaßes kam.

In der Frühlings- und Herbstzeit zerfiel die Macht des Zhou-Königs zusehends. Aus ehemaligen Lehnsgebieten, die dem Zhou-König unterstanden, entwickelten sich kleinere und größere Fürstentümer, die sich immer selbständiger gebärdeten und untereinander Rivalitäten und Machtkämpfe ausfochten.

In der Mitte des 7. Jh.s v. Chr. fiel erstmals einem Landesfürsten die Rolle eines »Hegemonen«, also eines Anführers von Länderverbänden, zu, womöglich auch angesichts der Bedrohung durch Völker, die in Nordchina ansässig waren. Insgesamt zählt man in der Frühlings- und Herbstzeit etwa vierhundert Kriege[13]. Dabei kehrte man sich von der ritterlichen Kriegführung der älteren Zeit ab. Diese war noch maßgeblich in einer Schlacht, die im Jahre

11 *Cihai* (›Wortmeer‹), Shanghai 2009, S. 2180.
12 Wang Hanguo, S. 3.
13 Xu Yuanxiang, S. 13.

637 v. Chr. zwischen dem Land Song und dem Land Chu stattfand. Als ein Würdenträger von Song dem Herzog Xiang von Song (650–637 v. Chr.) vorschlug, die Chu-Truppen anzugreifen, solange diese noch nicht alle einen Fluss überquert hatten, antwortete Herzog Xiang: »Das geht nicht. Ein Edler überfällt einen Menschen nicht in einem Augenblick, da dieser sich in Schwierigkeiten befindet.« Als die Truppen Chus den Fluss überquert hatten, aber noch nicht in Schlachtordnung aufgestellt waren, schlug der Würdenträger abermals vor, die Chu-Armee anzugreifen. Herzog Xiang antwortete: »Das geht nicht. Ein Edler überfällt keine Truppen, die sich nicht in Schlachtordnung aufgestellt haben.« Erst als das Chu-Heer völlig kampfbereit war, gab Herzog Xiang den Befehl zum Angriff. Das Ergebnis war, dass die Armee von Song eine schwere Niederlage erlitt und Herzog Xiang verwundet wurde.[14]

Auf die Frühlings- und Herbstzeit folgte das Zeitalter der Kämpfenden Reiche (475–221 v. Chr.) mit vielen listenreich geführten Kriegen. An diesen waren anfangs noch 20 und schließlich sechs Länder beteiligt. Das Ringen um die Vorherrschaft endete im Jahre 221 v. Chr., als der Erste Kaiser von Qin das erste zentralisierte Kaiserreich auf chinesischem Boden gründete, das im Großen und Ganzen bis zum Jahre 1911 Bestand haben sollte.

So soll Sun Wu gemäß den über ihn verbreiteten Überlieferungen in eine kriegerische Zeit hineingeboren worden sein. Etwas später als Konfuzius (551–479 v. Chr.), nämlich um 535 v. Chr., sei er im Fürstentum Qi (im heutigen Kreis Huimin, Provinz Shandong) zur Welt gekommen. Sein Vater und sein Onkel sollen bedeutende Generäle des Landes

14 Vgl. James Legge, *The Chinese Classics with a translation, critical and exegetical notes, prolegoma, and copious indexes in five Volumes, volume V: The Ch'un Ts'ew with the Tso Chuen, Second edition, with minor text corrections and a Concordance Table, reprinted from the last editions of the Oxford University Press.* – Nachdr. Taibei 1971, S. 181 ff.

Qi gewesen sein.[15] Infolge von Unruhen in Qi sei Sun Wu im Jahr 517 v. Chr.[16] ins südchinesische Königreich Wu[17] (im Bereich der heutigen Provinzen Jiangsu, Zhejiang und Anhui) geflohen. Im Jahre 512 v. Chr. habe er dem König He Lü von Wu (514–496 v. Chr.) sein Werk, bestehend aus 13 Kapiteln, überreicht und dem König die praktische Verwertbarkeit seiner militärischen Lehren auch gleich durch eine Armeeübung mit Palastdamen in eindrücklicher Weise vor Augen geführt. Da es sich um die wohl »bekannteste Anekdote im chinesischen militärischen Sagengut«[18] handelt, sei sie hier aus den *Geschichtlichen Aufzeichnungen* von Sima Qian[19] (etwa 145–86 v. Chr.) nacherzählt.

Meister Sun wurde dank seinem Kriegskanon eine Audienz bei König He Lü von Wu gewährt. »Eure 13 Kapitel habe ich alle gelesen«, sagte der König. »Könnt Ihr als Kostprobe eine kleine Truppenübung vorführen?« »Das kann ich«, antwortete Meister Sun. »Können Sie diese mit Frauen durchführen?«, fragte der König weiter. »Das kann ich«, lautete erneut Meister Suns Antwort. Darauf gestattete ihm der König, aus dem Palast 180 schöne Frauen auszuwählen. Meister Sun teilte sie in zwei Truppen, ernannte zwei Lieblingskonkubinen des Königs zu Truppenführerinnen und hieß alle Frauen eine Hellebarde[20] in die Hand nehmen. Darauf unterwies er sie und stellte die Frage: »Wisst ihr alle, wo sich euer Herz, eure linke und rechte Hand und eu-

15 Xu Yuanxiang / Li Jing, S. 8f.
16 Ebd., S. 18.
17 Ebd.
18 Ames, S. 32.
19 Sima Qian, *Shiji* (Geschichtliche Aufzeichnungen), Bd. 7, Beijing 1975, S. 2161f.; *Quan Yi Quan Zhu Shi Ji* (Geschichtliche Aufzeichnungen, vollständig kommentiert *und ins moderne Chinesisch* übersetzt), Tianjin 1995, S. 2061ff.; Szuma Chien, *Records of the Historian*, übers. von Yang Hsien-yi und Gladys Yang, Hongkong 1975, S. 28f.
20 Ji: Hellebarde, anzuschauen im Internet mit dem chinesischen Schriftzeichen für »ji« als Suchwort.

er Rücken befinden?« Die Frauen entgegneten: »Wir wissen es.« Meister Sun fuhr fort: »Wenn ich sage ›nach vorne‹, dann schaut vorwärts! Auf den Befehl ›nach links‹ wendet euch in die Richtung der linken Hand! Auf den Befehl ›nach rechts‹ wendet euch in die Richtung der rechten Hand! Auf den Befehl ›nach hinten‹ wendet euch rückwärts!« Die Frauen entgegneten: »Jawohl.« Nachdem die Anweisungen klar und deutlich verkündet worden waren, ließ er ein Henkerbeil und eine Axt[21] aufstellen, und er erklärte und wiederholte noch einmal seine Anweisungen. In der Folge erging bei Trommelschlag der Befehl »Nach rechts!« Die Frauen brachen in ein schallendes Gelächter aus. Meister Sun erklärte: »Wenn die Anweisungen unklar und die Soldaten mit den erteilten Befehlen nicht vertraut sind, dann liegt die Schuld beim General.« Erneut erklärte und wiederholte er mehrmals seine Anweisungen, und dann erging bei Trommelschlag der Befehl »Nach links!« Erneut brachen die Frauen in schallendes Gelächter aus. Meister Sun sprach: »Wenn die Anweisungen unklar und die Soldaten mit den erteilten Befehlen nicht vertraut sind, dann liegt die Schuld beim General. Wenn aber alles klar dargelegt worden ist, aber gleichwohl nicht nach dem Gesetz vorgegangen wird, dann liegt die Schuld bei den Offizieren.« Darauf traf er Anstalten, die beiden Truppenführerinnen zu enthaupten. Der König, der das Geschehen von einer Empore aus beobachtete, war entsetzt, als er sah, dass seinen Lieblingskonkubinen die Hinrichtung drohte. Er schickte eilends einen Boten zu Meister Sun und ließ ihm ausrichten: »Ich weiß nun bereits, dass Ihr Soldaten einzusetzen versteht. Ohne diese beiden Konkubinen verlieren die Speisen für mich jeden Geschmack.

21 *Yue:* für Strafen verwendete ›Axt‹, abgebildet in: *Zhongguo Dabaike Quanshu, Junshi. Zhongguo Gudai Bingqi Fence,* S. 36 f.

Ich wünsche, dass sie nicht hingerichtet werden.« Meister Sun erwiderte: »Ich bin bereits zum General ernannt worden. Befindet sich der General bei seiner Truppe, dann gibt es Befehle des Herrschers, die er nicht entgegennimmt.«[22] Darauf ließ er die beiden Truppenführerinnen vor aller Augen enthaupten. Er setzte die dem Rang nach folgenden Konkubinen als Truppenführerinnen ein, und erneut ergingen bei Trommelschlag Befehle. Die Frauen wandten sich nach links und nach rechts, nach vorne und nach hinten, gingen in die Knie und erhoben sich, so genau wie nach einem mit Richtschnur und Tusche festgelegten Ablaufplan. Keine wagte, einen Laut von sich zu geben. Nun sandte Meister Sun einen Boten zum König und ließ ihm mitteilen: »Die Soldaten sind nun in Ordnung gebracht. Der König kann herabkommen und sie inspizieren. Er kann sie nach Belieben einsetzen, selbst ins Wasser und Feuer kann er sie schicken.« Der König antwortete: »Der General kann die Übung abbrechen und sich in seine Unterkunft begeben, um sich auszuruhen. Ich möchte nicht herabkommen und keine Inspektion vornehmen.« Meister Sun meinte darauf: »Der König schätzt nur die bloßen Worte in meinem Buch, zu deren Umsetzung ist er jedoch nicht imstande.« Jetzt wusste König He Lü darüber Bescheid, dass Meister Sun Soldaten einzusetzen verstand. Schließlich ernannte er ihn zum General.[23]

Lange Jahre habe sich Meister Sun als Feldherr im Dienste des Königreichs Wu große Verdienste erworben und sei um 480 v. Chr. etwa im Alter von 70 Jahren verstorben.[24]

22 *Meister Suns Kriegskanon*, Kap. 8.1.

23 Diese Geschichte wird zur Illustration zum in Kap. 1.2 erwähnten Kriterium der Klarheit und Gradlinigkeit von Belohnungen und Strafen erzählt von Pu Yinghua / Hua Mingliang, S. 124f. Den Wahrheitsgehalt der Geschichte bezweifelt u.a. Shizuo Amano, S. 15.

24 Liu Ling / Wu Xubin, S. 7; Wang Hanguo, S. 16.

Heute erinnert im Kreis Huimin (Provinz Shandong) eine monumentale Gedenkstätte an die »historische Persönlichkeit« Meister Suns. Neben den 13 Kapiteln von *Meister Suns Kriegskanon*, denen jeweils eine Haupthalle gewidmet ist, werden die *36 Strategeme* in seitlich zu den Haupthallen angeordneten Ausstellungsgebäuden vorgestellt.[25]

In neueren westlichen Ausgaben von *Meister Suns Kriegskanon* wird die in China weitverbreitete Überzeugung, Meister Sun sei der Verfasser des *Kriegskanons*, durchweg in Frage gestellt. Immerhin sprechen gemäß einem von Michael Löwe herausgegebenen Werk neueste Ausgrabungsfunde für die Annahme, dass das Werk gegen das Ende der Frühlings- und Herbstzeit (770–476 v. Chr.) zusammengestellt worden sei[26]. Demgegenüber vertritt der französische Sinologe Jean Lévi die Meinung, das Werk stamme aus der zweiten Hälfte des 4. Jh.s v. Chr.[27] Laut dem US-Sinologen Roger T. Ames ist das Werk in der Zeit zwischen 403 und 221 v. Chr. entstanden.[28] Nach seiner Ansicht sind Werke wie *Meister Suns Kriegskanon* das Ergebnis eines Prozesses, an dem zahlreiche Personen über mehrere Generationen hinweg beteiligt gewesen seien.[29]

1972 wurde ein Text von *Meister Suns Kriegskanon* in einem Grab am Fuße des Silbersperlingbergs (Yinqueshan, Kreis Linyi, Provinz Shandong) gefunden.[30] Der Text enthält zusätzlich zu langen Passagen aus dem 13 Kapitel umfassenden Werk auch Teile von fünf verlorenen Kapi-

25 Thomas Kempa, *Kriegskunst im Business: Transkulturelle Resonanzen am Beispiel chinesischer und westlicher Managementliteratur zu ›Sunzi bingfa‹*, Bonn 2010, S. 135 ff.; Xu Yuanxiang / Li Jing, S. 10.

26 Michael Loewe, *Early Chinese Texts. A Bibliographical Guide*, Berkeley 1993, S. 449.

27 Lévi, S. 16.

28 Ames, S. 3.

29 Ebd., S. 21.

30 S. hierzu Wang Zhengxiang, 2009, sowie Ames.

teln aus demselben Werk. Es handelt sich um Grabbeigaben aus der Zeitspanne von 140 bis 118 v. Chr. Damit liegt nun eine wenn auch teilweise schadhafte chinesische Version des *Kriegskanons* vor, die über 1000 Jahre älter ist als die Version, welche bis zu diesem Zeitpunkt veröffentlichte westliche Übersetzungen von *Meister Suns Kriegskanon* benutzt hatten (bei dieser Fassung handelt es sich um einen Text aus der Song-Zeit, 960–1279).[31]

Der vorliegenden Übersetzung liegen neueste Textversionen, die auch die Grabfunde vom Silbersperlingsberg berücksichtigen, zugrunde.

Drei Besonderheiten von *Meister Suns Kriegskanon*: Überzeitlichkeit – Diesseitigkeit – Listigkeit

Überzeitlichkeit

Hinweise auf geschichtliche Ereignisse oder Persönlichkeiten kommen äußerst selten vor. Das verleiht dem Werk einen überzeitlichen Charakter. So fällt es angesichts des nach sieben Jahren und fünf Monaten offiziell am 18. August 2010 abgeschlossenen verlustreichen und wenig ergiebigen amerikanischen Feldzuges im Irak Sun Yefei vom Heeresleitungsinstitut in Xi'an (Xi'an Lujun Zhihui Xueyuan) nicht schwer, den an die USA gerichteten Tadel, allzu leichtfertig das Mittel des Kriegs einzusetzen, mit einem Zitat aus *Meister Suns Kriegskanon* zu untermauern:

»*Ein* Krieg *ist eine* wichtige Angelegenheit *eines* Landes. *Als Schau*platz *von* Tod *oder* Leben *und als* Weg *in den* Fortbestand *oder in den* Untergang *eines Landes* kann

31 Ames, S. 4 f.

man es sich nicht *leisten, einen Krieg, bevor man ihn führt*, nicht *einer äußerst sorgfältigen* Untersuchung *zu* unterziehen.«[32]

Zur Überzeitlichkeit trägt auch die Tatsache bei, dass viele Aussagen recht offen formuliert sind, so dass es nicht schwerfällt, sie aus dem unmittelbaren Kriegskontext herauszulösen und, was in neuester Zeit oft geschieht, auf andere Lebensbereiche wie etwa Wirtschaft und Management zu übertragen.[33] Dank ihrer Phantasie vermögen chinesische Autoren sogar recht unmissverständliche, ja eindeutige Aussagen bildhaft zu verstehen und sie in Anleitungen zu entlegen anmutenden Anwendungen umzudeuten. So werden die Worte »Feuer« und »Wasser« in der Aussage »Unterstützt *man* daher mit Feuer *einen* Angriff, *ist die Wirkung* offensichtlich. Unterstützt *man* mit Wasser *einen Angriff, ist die Wirkung* stark« (Kap. 12.3) etwa auf Kriegspropaganda bezogen, deren Wirkung so erhitzend wie die einer Feuersbrunst und so wuchtig wie die einer Wasserflut sein könne.[34]

32 »Yilake zhanzheng zhong de Meiguo zhanlüe zhi shang (Der frühe Tod der amerikanischen Strategie im Irakkrieg)«, in: *Zhongguo Qingnian Bao* (Chinesische Jugendzeitung), Beijing 24. September 2010, S. 4.

33 Das erste derartige in der Volksrepublik China erschienene Buch dürfte sein: Li Shijun [u. a.], *Sun Zi Bingfa Yu Qiye Guanli* (Meister Suns Kriegskanon und das Betriebsmanagement), Nanning 1984. Seither sind Dutzende, wenn nicht Hunderte von Meister-Sun-Ratgeberbüchern erschienen.

34 Shi Zhihua, *Shua Zha: Sun Zi Jiao Ni Zha* (Mit List spielen: Meister Sun bringt dir List bei), Taibei 2005, S. 139 ff.

Diesseitigkeit

Handfeste und klare Belege für Religiosität oder Aberglauben sind im Text nicht zu finden.[35] Dieser Text ist völlig diesseitig ausgerichtet. Der Mensch steht im Mittelpunkt und ist einziger Handlungsträger.

In diesem Zusammenhang verdient die hohe Bedeutung, die der List eingräumt wird, hervorgehoben zu werden. Ein Vergleich zu unserem westlichen Kulturraum kann da hilfreich sein. Peter von Matt hat in einer weit ausgreifenden Studie die List in der Gestalt der Intrige untersucht.[36] Auf die *Odyssee* und die *Ilias* geht er nicht näher ein, wahrscheinlich deshalb, weil deren Helden bei aller List dem unerbittlichen Walten der Götter unterworfen bleiben. Erstmals sei die rein menschendienliche List bei Euripides (480–406 v. Chr.) zu einem konstitutiven Element der tragischen Handlung geworden. Am Schluss der Entwicklung hat, so von Matt, die Neue Komödie gestanden. Deren Wesensmerkmal sind Spiele der Schlauheit, der Täuschung, der Verstellung, der Berechnung. Vordem, in der großen griechischen Tragödie, ist, so Nietzsche, der Mensch noch nicht schlau und berechnend seinen Interessen hinterhergelaufen, sondern er stand da als Leidender unter den furchtbaren Gewalten der Götter, unter dem Schicksal als einer mythischen und metaphysischen Macht. In der Intrige nimmt nun, so von Matt, der Mensch seine Sache in die eigenen Hände und unterstellt sie der eigenen Schlauheit. Die Erkenntnis des Weltengrundes geht über in die lebenspraktische Berechnung. Der Intrige hat Nietzsche gerade durch seine unbedingte Verachtung dann die Würde eines welthistorischen Phänomens verliehen. Denn

35 Eine nicht überzeugend begründete andere Meinung vertritt Li Ling, 2006, S. 62.

36 Peter von Matt, *Ästhetik der Hinterlist. Zu Theorie und Praxis der Intrige in der Literatur*, München 2002, S. 17 ff., vgl. auch P. v. M., *Die Intrige. Praxis und Theorie der Hinterlist*, München 2006.

in der Intrige entzieht sich der Held dem über ihm waltenden Schicksal. Er tue so, »als gäbe es das nicht, und fabriziert es selbst. Frei von aller Furcht, von allem Glauben an das über ihn Verhängte, frei von Furcht und Glauben an die Moira, das Fatum, die Vorsehung, an Fluch und Segen der Götter, an die regierende Gewalt der Gestirne, vertauscht er die Frömmigkeit mit der Intelligenz« und setze »nicht länger auf Gebete und Orakel, sondern auf den eigenen hellen Kopf, auf Schlauheit und Logik«. Er wage es, »sich seines eigenen Verstandes zu bedienen. Die zivilisationsgeschichtliche Dimension der Intrige erscheint verknüpft mit den Prozessen der Verweltlichung und Verwissenschaftlichung. Der Intrigenbauer maßt sich an, was den Göttern oder den Gestirnen zusteht.«

Peter von Matt kommt nun auf Schillers *Wallenstein* zu sprechen. Wallenstein (1583–1634) mit seinem Sternenglauben und seiner Planetenleserei scheitert deshalb, »weil er den letzten Schritt unter dem alten Firmament hervor nicht wagt«. Die zielgerichtete Verstellung will er in Einklang halten mit dem Orakel der Planeten. Er führt einen eigenen Astrologen mit sich, den Italiener Giovanni Battista Seni. Wallensteins Plan ist die Errichtung eines selbständigen Königreichs Böhmen. Um das zu erreichen, will er sowohl seinen Herrn, den Kaiser zu Wien, verraten als auch mit seinen offiziellen Gegnern, den protestantischen Mächten im Dreißigjährigen Krieg, konspirieren, um auch sie am Ende übers Ohr zu hauen: »Beistehen sollen sie mir in meinen Plänen, / Und dennoch nichts dabei zu fischen haben.« Regierender Herrscher will er sein, groß wie die andern regierenden Herrscher Europas, und eine Dynastie will er gründen. Alles scheint sich auch tatsächlich zu seinen Gunsten zu fügen. Er hat so viele Truppen zur Verfügung wie nie zuvor, und sie sind ihm völlig ergeben. Jetzt könnte, jetzt müsste er losschlagen. Aber er handelt nicht, noch nicht, weil er immer noch auf die Planetenkonstellation wartet, die ihm den unbedingten Erfolg garantiert.

Die ihm Nahestehenden, seine Verschworenen, wollen darüber schier verzweifeln. Sie bedrängen ihn: Handle jetzt! Die Astrologie halten sie für Humbug. Wallenstein aber begründet gegenüber seinem Feldmarschall und Vertrauten Illo diesen Unglauben der Generäle mit deren Horoskop. Illo aber hält ihm entgegen: »In deiner Brust sind deines Schicksal Sterne.« Man kann diesen Vers zu den Existenzformeln der Intriganten zählen, zu jenen Sätzen, in denen die Immanenz von Schicksal und Vorsehung behauptet und gleichzeitig der praktische Schluss aus diesen gezogen wird. Illo fügt noch hinzu: »Vertrauen zu dir selbst, Entschlossenheit ist deine Venus!« Wallenstein aber sieht sich unter dem Zeichen des Jupiters, und das bewirkt, meint er, dass er eben auch die Wahrheit des Sternenglaubens zu erkennen vermag. Dieser Glaube selbst sei bereits ein Geschenk der Gestirne. In der Figur Wallenstein reflektiere, so von Matt, »der größte Intrigendichter der deutschen Literatur die welthistorische Genese der Intrige als Akt der Apostasie gegenüber den numinosen schicksalstiftenden Mächten«. Wallenstein sei »der Machinator, der im Schritt über die Schwelle verharrt« und operiere »›by wit‹ und kann doch von der ›witchcraft‹ nicht lassen«.[37]

Der Wallenstein Schillers ist ein Produkt der Dichtkunst. Vor dem Hintergrund dieser vor gar nicht so langer Zeit verfassten deutschen Tragödie – Werke mit dieser offenbar in China gar nicht existierenden Problemstellung sind mir aus der äonenlangen Literaturgeschichte des Reichs der Mitte nicht bekannt[38] – drängt sich der Eindruck auf, dass in *Meister Suns Kriegskanon* der Schritt von der »witchcraft« zum »wit« Jahrtausende vor Schillers *Wallenstein* vollzogen worden ist. Denn von Sternenglau-

37 von Matt, *Ästhetik der Hinterlist*, S. 41.

38 Es gibt im Gegenteil Berichte, entsprechend denen Feldherren den Aberglauben von Soldaten für eine Strategemanwendung eingesetzt haben (vgl. von Senger, *Strategeme*, Bd. 2: »27.18 Der gottesfürchtige Feldherr«).

ben ist keine Rede, vielmehr wird die Weisheit, also die listkundige Intelligenz, als die erste der fünf Tugenden eines Feldherrn hervorgehoben. Diese ist nicht nur auf die aggressive Anwendung eigener List zur Überwindung des Feindes, sondern auch auf das rechtzeitige defensive Durchschauen feindlicher List zum Zwecke des Selbstschutzes ausgerichtet.[39]

Listigkeit

Irgendwelche Anklänge an Kriegsvölkerrecht oder diesbezügliche Ansätze sucht man in *Meister Suns Kriegskanon* vergeblich. In dieser Hinsicht besteht Ähnlichkeit mit Carl von Clausewitz (1780–1831), der in seiner grundlegenden Untersuchung das Kriegsvölkerrecht nur ganz am Rande erwähnt:

> Die Gewalt rüstet sich mit den Erfindungen der Künste und Wissenschaften aus, um der Gewalt zu begegnen. Unmerkliche, kaum nennenswerte Beschränkungen, die sie sich selbst setzt unter dem Namen völkerrechtlicher Sitte, begleiten sie, ohne ihre Kraft wesentlich zu schwächen.[40]

An anderer Stelle führt er weiter aus:

> [...] nie kann in die Philosophie des Krieges selbst ein Prinzip der Ermäßigung hineingetragen werden, ohne eine Absurdität zu begehen.[41]

Immerhin finden sich in *Meister Suns Kriegskanon* an die

39 Guan Feng (1919–2005), zitiert nach Sima Qi, S. 156.
40 von Clausewitz, Carl von Clausewitz, *Vom Kriege*, Auswahl, hrsg. von Ulrich Marwedel, Stuttgart 1994, 17 f.
41 Ebd., S. 19; vgl. den Kommentar von Eric David, *Principes de droit des conflits armés*, Brüssel 2008, S. 35.

Bemühungen des modernen Kriegsvölkerrechts um Kriegseindämmung gemahnende Sätze wie:

> Nun, *ganz allgemein gilt: In* Waffengängen zu siegen *und feindliche Städte* anzugreifen *und* zu erobern, aber *die militärischen* Leistungen nicht *so* zu regeln, *dass sie nachhaltig abgesichert sind, ist* gefährlich. *Man* nennt *das* »überflüssige Perlfransen«. Daher sagt *man: Ein* klarsichtiger *Landes*herr *lässt sich nicht leichtfertig zu einem Kriegszug hinreißen, sondern durch*denkt ihn *mit größter Sorgfalt, und ein* guter Feldherr regelt ihn *mit größter Umsicht. Steht* nicht *ein echter, dauerhafter* Nutzen *in Aussicht*, tritt *man militärisch* nicht *in* Aktion, *kann* nicht *ein echter, dauerhafter Gewinn* erzielt *werden*, benutzt *man die Armee* nicht, *droht* nicht *eine echte, vitale* Gefahr, führt *man einen* Waffengang nicht *durch*. (Kap. 12.4)

Im Hinblick auf Einfälle in fremde Länder, Angriffskriege und Plünderungen werden freilich nur wirtschaftliche und militärtechnische Überlegungen angestellt, aber keine moralischen oder rechtlichen Normen in Erwägung gezogen.

Bemerkenswert ist die Tatsache, dass die auf strategemischer Weisheit fußenden »Zwölf Wege der List«, die in *Meister Suns Kriegskanon* empfohlen werden, allesamt dem modernsten Kriegsvölkerrecht nicht zuwiderlaufen. Das Zusatzprotokoll I zu den Genfer Abkommen vom 12. August über den Schutz der Opfer internationaler bewaffneter Konflikte (Protokoll I) vom 8. Juni 1977[42] sieht in Artikel 37 Folgendes vor:

42 S. Stichwort »Zusatzprotokoll zu den Genfer Abkommen vom 12. August 1949 über den Schutz der Opfer internationaler bewaffneter Konflikte (Protokoll I). Angenommen in Genf am 8. Juni 1977« (Stand: 12. Juli 2018), unter https://www.admin.ch/opc/de/classified-compilation/19770112/index.html, sowie mit Bezug auf Artikel 37: http://www.admin.ch/ch/d/sr/0_518_521/a37.html.

1. Es ist verboten, einen Gegner unter Anwendung von Heimtücke zu töten, zu verwunden oder gefangen zu nehmen. Als Heimtücke gelten Handlungen, durch die ein Gegner in der Absicht, sein Vertrauen zu missbrauchen, verleitet wird, darauf zu vertrauen, dass er nach den Regeln des in bewaffneten Konflikten anwendbaren Völkerrechts Anspruch auf Schutz hat oder verpflichtet ist, Schutz zu gewähren. Folgende Handlungen sind Beispiele für Heimtücke:
   a) das Vortäuschen der Absicht, unter einer Parlamentärflagge zu verhandeln oder sich zu ergeben;
   b) das Vortäuschen der Kampfunfähigkeit infolge Verwundung oder Krankheit;
   c) das Vortäuschen eines zivilen oder Nichtkombattantenstatus;
   d) das Vortäuschen eines geschützten Status durch Benutzung von Abzeichen, Emblemen oder Uniformen der Vereinten Nationen oder neutraler oder anderer nicht am Konflikt beteiligter Staaten.
2. Kriegslisten sind nicht verboten. Kriegslisten sind Handlungen, die einen Gegner irreführen oder ihn zu unvorsichtigem Handeln veranlassen sollen, die aber keine Regel des in bewaffneten Konflikten anwendbaren Völkerrechts verletzten und nicht heimtückisch sind, weil sie den Gegner nicht verleiten sollen, auf den sich aus diesem Recht ergebenden Schutz zu vertrauen. Folgende Handlungen sind Beispiele für Kriegslisten: Tarnung, Scheinstellungen, Scheinoperationen und irreführende Informationen.[43]

43 Zitiert nach Hans-Peter Furrer, *Perfidie in der Geschichte und im heutigen Kriegsvölkerrecht*, Zürich 1988, S. 80f.; s. hierzu: Robert Kolb / Richard Hyde, *An Introduction to the International Law of Armed Conflicts*, Oxford 2008, S. 162ff.; Eric David, *Principes de droit des conflits armés*, Brüssel 2002, S. 392f.; Ingrid Detter, *The Law of War*, Cambridge 2000, S. 303ff.; Dieter Fleck, *The Handbook of Humanitarian Law in Armed Conflicts*, Oxford 1995, S. 471ff.

Aus dem Bereich der Heimtücke kommt nur 1b in Betracht. Lediglich der erste der »Zwölf Wege der List«, nämlich »Ist man fähig, spiegelt man Unfähigkeit vor«, ließe sich womöglich diesem Punkt zuordnen, aber der erste »Weg der List« ist zu allgemein formuliert, als dass man ihn als »Heimtücke« qualifizieren könnte. Somit wird man sagen können, dass alle »Zwölf Wege der List« unter die nach heutigem Kriegsvölkerrecht erlaubten Kriegslisten fallen.[44] Freilich ist der Bereich der List in *Meister Suns Kriegskanon* und in dem Traktat *Die 36 Strategeme: Das geheime Buch der Kriegskunst*, welches die Ratschläge in Bezug auf listiges Verhalten des Vorgängerbuches aufgrund von etwa 2000 Jahren zusätzlicher chinesischer Erfahrungen mit List verfeinert und verästelt, viel weiter gespannt, als dies im modernen Kriegsvölkerrecht vorgesehen ist. Dies führt hin zum Konzept der »Supraplanung«, von der erste Ansätze in *Meister Suns Kriegskanon* zu finden sind.

Meister Suns Kriegskanon als Vorläufer der modernen chinesischen militärischen Supraplanungslehre (*moulüexue*)

Es geht das Gerücht, dass bei Gefechten im Golfkrieg gegen den Irak (1990/91) sich US-Offiziere von *Meister Suns Kriegskanon* hätten inspirieren lassen. Seither werde, so Wang Kanghua und zwei weitere Verfasser in einem von Ji Rongren, einem Großobersten der Luftwaffe und stellvertretenden Vorsteher eines Instituts der Nationalen Verteidigungsuniversität in Beijing, redigierten Buch im Westen *Meister Suns Kriegskanon* in Bezug auf verschiedenste Kriegsarten wie Informationskrieg, Internetkrieg usw. an-

44 Robert Kolb, Professor für Völkerrecht an der Universität Genf, bestätigt dies (E-Mail vom 4. Mai 2010).

gepriesen. Haben nun aber diejenigen das antike chinesische Militärwerk, das sie auf solche Weise propagieren, überhaupt begriffen? Nein, denn Kriegführung als solche ist nicht das Hauptanliegen dieses Buches. Nur kurzzeitig nachwirkende Siege und Niederlagen gründeten auf nackter Gewalt. Aber »tausend Herbsten« standhaltende Erfolge und Misserfolge hingen von der Kraft der Vernunft ab. Wer gestützt auf *Meister Suns Kriegskanon* nur gerade listenreich Gefechte in Feldzügen konzipiere, ziehe den weitgespannten Planungshorizont im *Kriegskanon* auf den bloß taktischen Bereich hinab.[45] Westlichen Wissenschaftlern, die sich mit *Meister Suns Kriegskanon* beschäftigen, wird vorgeworfen, Zitate aus dem Kontext zu reißen und nur Bäume, nicht aber den Wald zu sehen.[46]

Welches ist nun das Kernanliegen in *Meister Suns Kriegskanon*? Gemäß zahlreichen zeitgenössischen Kommentatoren lautet es *quansheng* (»Sieg in Unversehrtheit«) und weist zwei Aspekte auf. In erster Linie ist es das Bestreben, ohne Waffengang, ohne Blutvergießen und ohne Zerstörung allein mit strategemischen und diplomatischen Mitteln das Gegenüber botmäßig zu machen. In zweiter Linie geht es darum, dann, wenn einem Krieg nicht auszuweichen ist, mit dem kleinstmöglichen Aufwand den größtmöglichen Sieg zu erringen.[47] Das im Vordergrund stehende erste Kernanliegen zielt auf eine langfristige, nachhaltige, die eigenen Ressourcen möglichst unversehrt lassende Konfliktlösung, die den Feind nicht strapaziert und nicht zu Hass und Revanchegelüsten aufstachelt. Grundlegend ist also die in *Meister Suns Kriegskanon* vorgenommene Unterscheidung zwischen zwei Arten der Kriegführung, nämlich mit und ohne Waffengang.[48] Dabei wird die Krieg-

45 Ji Rongren (Chefredakteur), *Shui Lai Dabai Meiguo* (Wer wird Amerika besiegen?), Beijing 2000, S. 269.
46 Niu Xianzhong, in: Sima Qi, S. 252.
47 Wang Guiyuan [u.a.], S. 3; Pu Yinghua, S. 34.
48 Yang Yi / Ma Yinqin, S. 28.

führung ohne Waffengang der Kriegführung mit Waffengang vorgezogen. Wie kann aber ein unblutiger Sieg in einem Krieg ohne Waffengang erreicht werden? Dies kann durch ein über enges Militärdenken hinausgreifendes umfassendes Ausnutzen auch gewaltloser, aber nicht minder wirksamer oder sogar verglichen mit Gewalt tauglicherer Behelfe geschehen. Die Grundthese von *Meister Suns Kriegskanon* sei es, so Tao Hanzhang, zu versuchen, den Feind durch Weisheit, nicht durch Gewalt allein, zu besiegen.[49]

In *Meister Suns Kriegskanon* kommt der Ausdruck »Yin und Yang« vor. Zwar wurde erst etwa 1500 Jahre nach der Zeitspanne, in der Meister Sun gelebt haben soll, jene bildliche Darstellung des Yin-Yang-Konzepts geschaffen, die teilweise unter dem Namen »Tafel des höchsten Äußersten« (*Taijitu*) bekannt ist, aber jene Darstellung kann hier gleichwohl zur Verdeutlichung der Bandbreite des in *Meister Suns Kriegskanon* empfohlenen Denkraumes herangezogen werden:

Die beiden Sphären stellen zunächst naturbedingte Gegebenheiten dar, nämlich die weiße (*Yang*) die besonnte, und die schwarze (*Yin*) die beschattete Seite eines Hügels, dann auch, wie in *Meister Suns Kriegskanon* angedeutet, Phänomene wie Tag und Nacht, klares oder regnerisches Wetter und dergleichen. Später versinnbildlichen die beiden Sphären in einem weiteren Schritt abstrakte Vorstellungen wie etwa die im *Kriegskanon* erwähnten Konzepte des »Gewöhnlichen«, »Konventionellen« (*Yang*, weiße Hälfte) und des »Außergewöhnlichen«, »Unkonventionellen« (*Yin*, schwarze Hälfte). Im *Kriegskanon* wird ein

49 Tao Hanzhang, 1987, S. 13.

Planungsdenken empfohlen, das nicht ausschließlich in der weißen oder der schwarzen Sphäre verhaftet ist, sondern das ständig über beiden grundsätzlich als gleich wichtig betrachteten Handlungsoptionssphären schwebt und sich jederzeit Problemlösungen aus beiden Sphären, und zwar jeweils gestützt auf sorgfältige Überlegungen, zunutze zu machen versteht. Im westlichen Militärdenken, wie es von Clausewitz geprägt hat, scheinen Problemlösungen im Bereich der schwarzen Sphäre eher nur dem Bauch, nicht dem Gehirn zu entspringen. »Schwarze« Problemlösungen werden im Westen offenbar mitnichten so gründlich durchdacht wie im Reich der Mitte.

Entsprechend wird in *Meister Suns Kriegskanon* nicht einseitig die physische Gewalt hervorgehoben, von deren konkreter Ausübung in Waffengängen kaum die Rede ist, sondern in erster Linie die Ausübung von Weisheit, mittels deren ein Feind in die Knie gezwungen werden soll. Die antikchinesische, bis heute gültige chinesische Auffassung von »Weisheit« überwölbt beide Sphären der »Tafel des höchsten Äußersten«. Dies geht daraus hervor, dass die Bedeutung des chinesischen Schriftzeichens für Weisheit (in moderner Aussprache »zhi«) von alters her die übliche »weiße« Weisheit, auf welche das westliche eindimensionale Verständnis von Weisheit eigentlich allein fixiert ist, *und* die »schwarze« Listkundigkeit überspannt und somit beides umfasst.[50] Es ist kaum verwunderlich, dass in einem der unlängst ausgegrabenen einschlägigen Textfragmente, die unter dem Titel »Sun Wu erörtert den Feldherrn« präsentiert werden, die »Weisheit« mit »dunklen Plänen« (*yinmou*) assoziiert wird.[51] Militärische Gewaltanwendung wird in *Meister Suns Kriegskanon* nicht ausgeschlossen.

50 S. im Einzelnen von Senger, *Strategemische Weisheit*, S. 29ff., sowie Anm. 6, S. 81.
51 Ames, S. 227.

Aber wenn es dazu kommt, soll mit möglichst geringfügigen Mitteln ein größtmöglicher Nutzen erzielt werden.

Zu diesem Zweck werden in *Meister Suns Kriegskanon* insbesondere auch Strategeme angepriesen. Strategeme sind im Unterschied zum Werk des Carl von Clausewitz bereits vor einem Waffengang angesagt. Denn dank Strategemen kann bestenfalls ein Krieg ohne Waffengang gewonnen werden. Dem wichtigsten im *Kriegskanon* propagierten Strategem, dem Strategem des Einsatzes von Spionen[52], ist mit dem letzten, 13., ein ganzes Kapitel gewidmet. So durchzieht das »supraplanerische« Denken, welches die Yang-Sphäre (konventionelle Maßnahmen) und die Yin-Sphäre (unkonventionelle, überraschende, listige Problemlösungen in Gestalt von Strategemanwendungen) überwölbt, alle Planungsebenen, und zwar von der höchsten auf Kriegsvermeidung gerichteten bis zur tiefsten, jener, die, nach heutiger Terminologie, der Vorbereitung und Durchführung von taktischen Gefechten gewidmet ist. An diesen weitgespannten Planungshorizont knüpft die vor allem von Li Bingyan (geb. 1945) entwickelte, in der Volksrepublik China offiziell gewürdigte *Junshi moulüexue* (»Militärische Supraplanungslehre«) an.[53] Die supraplanerische Komponente der in *Meister Suns Kriegskanon* vertretenen Planungskunst kann mit dem im angloamerikanischen Raum bisweilen benutzten Ausdruck »grand strategy« (in chinesischer Übersetzung:

52 Dies wird in dem vermutlich etwa 2000 Jahre nach *Meister Suns Kriegskanon* zusammengestellten Katalog der *36 Strategeme* weiterentwickelt zum Geheimagentenstrategem bzw. zum Strategem des Zwietrachtsäens (Strategem Nr. 33).

53 von Senger, »Moulüe: Ein 1700 Jahre altes Wort in modernem Gebrauch«; »Panorama-Aussicht auf eine breite Palette von Handlungsoptionen«, in: H. v. S., *Moulüe – Supraplanung: Unerkannte Denkhorizonte aus dem Reich der Mitte*, München [2]2018, S. 42 ff. Dort finden sich Hinweise auf einschlägige Werke Li Bingyans, insbesondere auf dessen *Da Moulüe Yu Xin Junshi Biange* (Supraplanung auf hoher Ebene und die neuen militärischen Umwälzungen), Beijing 2004.

da zhanlüe) nicht angemessen erfasst werden. So wie die Taktik eine Anwendung der Strategie auf einer niederen Ebene sei, so sei »Strategie eine auf einer unteren Ebene [angesiedelte] Anwendung von ›grand strategy‹«, schreibt Basil H. Liddell Hart und führt weiter aus, die Rolle der »grand strategy« – der höheren Strategie – bestehe darin, »all die Ressourcen einer Nation, oder einer Gruppe von Nationen, aufeinander abzustimmen, und zwar zur Erlangung des politischen Gegenstandes des Krieges – des Ziels, welches durch die grundlegende Politik umschrieben worden ist«. Diese »grand strategy« soll »die wirtschaftlichen Ressourcen und das verfügbare Personal der Nationen sowohl berechnen als auch entwickeln, damit die kämpfenden [Heeres-]Dienste aufrechterhalten werden«. Berücksichtigen sollte sie auch »die moralischen Ressourcen – denn die Pflege des Geistes der Bereitwilligkeit auf Seiten des Volkes ist oft ebenso wichtig wie der Besitz der konkreteren Formen von Macht«. »Grand strategy« soll auch »die Verteilung von Macht zwischen den [verschiedenen Heeres-]Diensten und zwischen diesen und der Industrie regulieren«. Außerdem sei die »Kampfkraft nur eines der Werkzeuge der ›grand strategy‹ – welche die Macht finanziellen Druckes, diplomatischen Druckes, kommerziellen Druckes und nicht zuletzt ethischen Druckes berücksichtigen und anwenden sollte, mit dem Ziel, den Willen des Gegners zu schwächen«. Hinzu komme, »dass, während der Horizont der Strategie an den Krieg gebunden ist, ›grand strategy‹ über den Krieg hinausblickt hin zum darauffolgenden Frieden«. Sie solle »nicht nur die verschiedenen [Kriegs-]Mittel miteinander verknüpfen, sondern deren Einsatz so regulieren, dass eine Schädigung des künftigen Friedenszustandes vermieden wird – um dessen Sicherheit und Gedeihlichkeit willen«. Ein Grundproblem zeigt sich: »Der – für beide Seiten – erbärmliche Friedenszustand, der auf die meisten Kriege gefolgt ist, kann auf die Tatsache zurückgeführt werden, dass, anders als die

Strategie, der Bereich der ›grand strategy‹ weitestgehend *terra incognita* ist, deren Erkundung und Begreifen noch auf sich warten lässt.«[54]

Wie aus dieser Kennzeichnung von »grand strategy« ersichtlich ist, ist von einem Kriegsgewinn ohne jeden Waffengang und auch von der Ressource »List« keine, zumindest keine explizite, Rede. So mag das Konzept der »grand strategy« zwar eine Vertiefung von Gedanken des Carl von Clausewitz darstellen, aber letztlich bleibt es hinter dem supraplanerischen Weit- und Breitblick von *Meister Suns Kriegskanon* zurück und vermag dessen Kern nicht zu erfassen. Bedauerlicherweise versuchen chinesische Experten gleichwohl, die im *Kriegskanon* vertretene äußerst weit gespannte Betrachtungsweise mit der bei genauem Hinsehen unpassenden westlichen Vokabel »grand strategy« zu kennzeichnen.[55] Damit angloamerikanisieren sie letztlich *Meister Suns Kriegskanon*. Im Gegensatz dazu möchte ich, gestützt auf das chinesische Konzept der »Supraplanung«, versuchen, die spezifische, im Westen ihresgleichen suchende Spannweite des planerischen Denkens in *Meister Suns Kriegskanon*, dem Urquell der modernen chinesischen *junshi moulüexue* (›militärischen Supraplanungslehre‹[56]), herauszuarbeiten und so bewusstzumachen.

54 Basil H. Liddell Hart, *Strategy*, ²1954. – Nachdr. New York 1967, S. 335 f. [Übersetzung von H. v. S.]

55 Niu Xianzhong, in: Sima Qi, S. 253.

56 S. hierzu die erste und soweit bekannt bisher einzige westliche Doktoarbeit über diesen Gegenstand von Christopher Detweiler, *An Introduction to the Modern Chinese Science of Military Supraplanning*, Diss., Freiburg i. Br. 2010, unter https://freidok.uni-freiburg.de/fedora/objects/freidok:-7726/datastreams/FILE1/content; s. auch von Senger, Moulüe – Supraplanung sowie http://www.supraplanung.eu/.

Nicht erst den Feind gefügig machen

Laut Carl von Clausewitz »ist die *Strategie* die Lehre vom Gebrauch der Gefechte zum Zweck des Krieges, die *Taktik* die Lehre vom Gebrauch der Streitkräfte im Gefecht«.[57]

Demgegenüber ist die *Supraplanung* »die Lehre von der Gefügigmachung eines Gegenübers in erster Linie mittels unlistiger und listiger Strategien und Taktiken ohne den Gebrauch von Streitkräften und nur in letzter Linie mittels Waffeneinsatz«.

Wie man sieht, ist das Denken von Carl von Clausewitz enggleisig auf das Kriegsgeschehen begrenzt, wogegen die weit ausgreifende Supraplanung optimalerweise in Friedenszeiten ihre langfristige Wirkung entfaltet, also bevor ein Krieg ausgebrochen ist, der dank Supraplanung bestenfalls ganz vermieden werden kann. Eine unkriegerische Supraplanung kann in Friedenszeiten dann zum zukunftswirksamen Erfolg führen, wenn sie in einer Position der Stärke durchgeführt wird.[58]

Das Anliegen der Supraplanung bringt in *Meister Suns Kriegskanon* am klarsten der folgende Satz zum Ausdruck:

不战而屈**人**之兵善之善者也

Das fett gedruckte Schriftzeichen 人 (*ren*) bedeutet ›Mensch/Mann‹. Für ›Feind‹ wird in *Meister Suns Kriegskanon* 70 Mal das Schriftzeichen 敌 (di) verwendet, aber eben nicht in diesem Satz. Gleichwohl übertragen westliche Mainstream-Übersetzungen, getragen von einem scheuklappenartigen okzidentalen Strategiekonzept, diesen Satz uniform durchweg nach folgendem Muster:

57 Carl von Clausewitz, *Vom Kriege*, Bonn [17]1966, S. 169.

58 »Shi Gua, bu zhan er qu ren zhi bing« (›Das Orakeldiagramm Heer, ohne einen Waffengang die Männer der Gegenseite gefügig machen‹), in: *Meizhou Ribao* (Tageszeitung von Meizhou), 9. Oktober 2020, S. 7, unter https://mzrb.meizhou.cn/html/2020-10/09/node_8.htm.

Ohne Kampf den **Feind** gefügig machen ist das Beste.

Dass man im Westen nachgerade flächendeckend 人 stets mit ›Feind‹ übersetzt, soll anhand einiger in chronologischer Reihenfolge aufgeführter Beispiele aufgezeigt werden:

> To subdue the **enemy** without fighting is the acme of skill.
>
> Samuel Griffith (Übers. und Einl.), in: Sun Tzu, *The Art of War*, London [u. a.] 1980, S. 77.

> The highest excellence is to subdue the **enemy's** army without fighting at all.
>
> Roger Ames (Übers., Einl. und Komm.), in: Sun-Tzu, *The Art of Warfare*, New York 1993, S. 111.

> Subjugating the **enemy's** army without fighting is the true pinnacle of excellence.
>
> Ralph D. Sawyer und Mei-chün Lee Sawyer (Übers., Einl. und Komm.), in: Sun-tzu, *The Art of War*, Boulder (CO) 1994, S. 177.

> Ultimate excellence lies *not in winning every battle but* in defeating the **enemy** without ever fighting.
>
> John Minford (Übers., Einlk. und Komm.), in: Sun-tzu, *The Art of War*, New York 2003, S. 14.

> Le mieux est de soumettre l'**ennemi** sans combattre.
>
> Valérie Niquet (Übers. und krit. Ausg.), in: Sun Zi, *L'art de la guerre*, Paris 2006, S. 112.

[…] der Inbegriff der Tüchtigkeit […] ist […] derjenige, der sich die Truppen des **Gegners** ohne Kampf unterwirft.

Volker Klöpsch (Übers. und Nachw.), in:
Sunzi, *Die Kunst des Krieges*,
Frankfurt a. M. / Leipzig, 2009, S. 17.

Die größte Leistung besteht darin, den Widerstand des **Feindes** ohne einen Kampf zu brechen.

In: Henry Kissinger, *China*,
übers. von Helmut Dierlamm [u. a.],
München ³2011, S. 41.

To subdue the **enemy** without fighting.

In: Lawrence Freedman, *Strategy*,
New York 2013, S. 44.

Troops that bring the **enemy** to heel without fighting at all – that is ideal.

General David Petraeus, über 37 Jahre lang Dienst
in der US-Armee, dann Direktor der CIA,
in seinem Vorwort, in: Sun Tzu, *The Art of War*,
übers. und eingel. von Peter Harris, London 2018.[59]

Demgegenüber lautet die in vorliegendem Buch präsentierte nicht interpretative, sondern wörtliche Übersetzung:

Ohne *einen* Waffengang *die* Streitmacht *der* **Männer** *der Gegenseite* gefügig machen *ist erst das* Gute *vom* Gut*en*.

59 General David Petraeus, »*The Art of War.* As Relevant Now as When It Was Written«, in: *The Irish Times*, 26. März 2018, unter https://www.irishtimes.com/culture/books/the-art-of-war-as-relevant-now-as-when-it-was-written-1.3440724.

Die auf zahlreichen Gesprächen mit chinesischen *Meister Suns Kriegskanon*-Fachleuten gründende, nicht feindzentrierte Übersetzung ergibt sich aus der Treue dem Urtext gegenüber, in dem ausdrücklich ›Mensch/Mann‹ (人, *ren*) und nicht ›Feind‹ (敌, di) steht. Durch die wortgetreue Übersetzung »Männer *der Gegenseite*« treten der supraplanerische Gehalt des Satzes und damit eine weite Zeitdimension zutage. Dies geht bei der Übersetzung ›Feind‹ verloren. Da im chinesischen Urtext das Wort ›Feind‹ vermieden wird, drängt sich die Schlussfolgerung auf, dass es in *Meister Suns Kriegskanon* darum geht, nicht zu warten, bis ein Gegenüber zum Feind geworden ist, um das Gegenüber dann gefügig zu machen, sondern weitblickend in Friedenszeiten abzuschätzen, dass das Gegenüber über ein sich in naher oder ferner Zukunft möglicherweise als gefährlich erweisendes Potential verfügt, weshalb man es zu einem Zeitpunkt, in dem eine offene Feindschaft noch nicht ausgebrochen ist und vielleicht gar eine Partnerschaft mit dem Gegenüber besteht, durch unkriegerische Mittel vorsorglich gefügig zu machen versucht. *Meister Suns Kriegskanon* empfiehlt also in erster Linie, einen sich abzeichnenden künftigen Gegner ohne Waffengang, ohne Blutvergießen und ohne Zerstörung ungefährlich zu machen. Erst in zweiter Linie, wenn eine gewaltsame Auseinandersetzung nicht zu verhindern ist, sollen militärische Massnahmen ergriffen werden, die aber mit möglichst kleinem Aufwand, am besten mit Hilfe von kräftesparender List, durchzuführen sind. Kein Wunder, dass sich auf einem Bücherregal des derzeitigen chinesischen Führers Xi Jinping eine Luxusausgabe des etwa 500 Jahre alten Traktats *36 Strategeme – Das geheime Buch der Kriegskunst* befindet[60] und dass in chinesischen außenpolitischen Kommentaren häufig der oben aufgeführte Satz zitiert wird,

60 http://www.chinadaily.com.cn/a/201801/05/WS5a4eb6c6a31008cf16da5296_4.html; s. auch von Senger, *Moulüe – Supraplanung*, S. 14.

z. B. vom Außenminister Wang Yi in seiner Analyse einer Vierzehn-Schriftzeichen-Maxime betreffend die sino-amerikanischen Beziehungen[61] und in einem Kommentar zu den das Militär betreffenden Gedanken Xi Jinpings[62].

Die übliche Übersetzung ›Feind‹ erscheint als zu kurzatmig. Sie ist gefesselt an das westliche strategisch-taktische Militärdenken und dessen letztlich engen Horizont. Sie erhellt nicht die durch die genaue wörtliche Übersetzung ans Tageslicht gebrachte, bereits eine Vorkriegsphase überspannende, ja bestenfalls deren Entwicklung hin zum Ausbruch eines Krieges unterbindende supraplanerische Denkweite in *Meister Suns Kriegskanon.*

Durch die wörtliche Übersetzung des hier besprochenen grundlegenden Satzes in *Meister Suns Kriegskanon* tritt im vorliegenden Band das Hauptanliegen von *Meister Suns Kriegskanon* in den Vordergrund: Am besten löst man Konflikte, bevor sie in aller Schärfe hervortreten, ohne Blutvergießen, durch weitsichtige unkriegerische, supraplanerische, vorzugsweise strategemische und diplomatische Vorgehensweisen, so dass derjenige, der den Konflikt löst, namenlos bleibt und gar nicht als »heldenhafter Feldherr« hervortritt. So gesehen erscheint *Meister Suns Kriegskanon* in erster Linie nicht als eine Anleitung zur Kriegführung, sondern als eine Friedensschrift, die dazu rät, politische Ziele mittels kriegsvermeidender Maßnahmen, u. a. durch den ausgeklügelten Einsatz von Strategemen, zu erreichen. Der Ausdruck *bu zhan* im Urtext wird in den oben wiedergegebenen Mainstream-Übersetzungen

61 »Wang Yi ›Shisi zi fangzhen‹ xi« (Wang Yis Analyse der »Vierzehn Schriftzeichen Polaritätsnorm«), in: *Renmin Ribao Haiwaiban* (Volkszeitung Überseeausgabe), 29. März 2013, S. 1, unter http://cpc.people.com.cn/pinglun/n/2013/0923/c78779-22997148.html

62 »Li Dianren, XI Jinping qiangjun sixiang de fengfu neihan he zhongda yiyi« (›Der reiche Inhalt und die grosse Bedeutung von Xi Jinpings Gedanken betreffend die Stärkung der Armee«), in: Xuanjiangjia Wang, 3. Dezember 2017, unter http://www.71.cn/2017/1203/976314.shtml.

durchweg auf fragwürdige Weise mit ›without fighting‹ und ›ohne Kampf‹ wiedergegeben. Die wörtliche Übersetzung aber lautet ›ohne Krieg‹, also ›ohne Waffeneinsatz‹. *Meister Suns Kriegskanon* ist also nicht als Propaganda für einen Pazifismus dahingehend zu verstehen, dass man, indem man abwartet und Tee trinkt, den »Feind« unterwerfen könne. Natürlich erfordert unkriegerische Supraplanung, dass man »kämpft«, aber eben nicht mit Waffen, sondern mit »Köpfchen«, also mit Weisheit im chinesischen Sinne (智, *zhi*). Wie sagte doch Liu Bang, der Begründer der längsten aller chinesischen Kaiserdynastien, nämlich der Han-Dynastie (206 v. Chr. – 220 n. Chr.): »Ning ken dou *zhi*, bu neng dou li« (›Ich ziehe ein *Weisheits*messen vor, zu einem Messen der Muskelkraft bin ich nicht imstande‹). Xiang Yu, der große Gegenspieler von Liu Bang, hatte den Vater Liu Bangs gefangen genommen und ließ Liu Bang die Drohung übermitteln, er werde den Vater kochen lassen, wenn der Sohn sich nicht ergebe. Liu Bang ließ ihm ausrichten, für diesen Fall bitte er, ihm eine Tasse von der Brühe zu schicken. Der rasende Xiang Yu ließ sich sein Vorhaben als zwecklos ausreden, vereinbarte dann eine Unterredung mit Liu Bang und schlug vor, die Entscheidung um die Kaiserkrone solle durch einen Zweikampf zwischen ihnen beiden herbeigeführt werden. Darauf antwortete Liu Bang lachend mit dem oben zitierten Satz. In der Tat bestand das »Weisheitsmessen« Liu Bangs mit Xiang Yu vornehmlich im Ersinnen und Anwenden von Listen. So geht gar die Bezeichnung des achten der 36 Strategeme der Chinesen, nämlich »Sichtbar die Holzstege wieder instand setzen, heimlich nach Chencang marschieren«, auf eine Kriegslist Liu Bangs zurück[63]. Diese Kriegslist war auf dem Wege Liu Bangs zur Erringung der Kaiserkrone von entscheidender Bedeutung.

63 S. Kapitel »8.1 Die verbrannten Holzstege« in: von Senger, *36 Strategeme*, Bd. 1, S. 141 ff.

Meister Suns optimalerweise auf Waffeneinsatz verzichtendes Modell der Konfliktlösung hat aus zeitgenössischer chinesischer Sicht aufgrund einer gewissen Einseitigkeit nicht nur Gutes bewirkt (s. unten S. 150 f.). Aber es dürfte im Nuklearzeitalter zweifellos von hoher Aktualität sein. Es fiel auf, dass Xi Jinping in dem Bericht, den er am 18. Oktober 2017 dem 19. Parteitag der Kommunistischen Partei Chinas erstattet hat, seiner Zuversicht Ausdruck verlieh, dass die Volksrepublik China Beiträge voller »chinesischer Weisheit« für den Fortschritt der politischen Zivilisation der Menschheit zu leisten vermöge.[64] Weisheit im chinesischen Sinne umfasst, das sollte man sich stets vor Augen führen, Strategemkompetenz. So kann man Xi Jinpings auch später oft wiederholten Hinweis auf die chinesische Weisheit unter anderem dahingehend deuten, dass man Konflikte aus seiner Sicht am besten im Keimzustand löst.[65]

Spielte sich in den letzten Jahrzehnten eine solche Form der Konfliktlösung mit dem Ziel, ein Gegenüber ohne Waffengang gefügig zu machen, nicht vor unseren Augen ab? Hat es die Volksrepublik China seit den 1980er Jahren u. a. mittels diverser wirtschaftlicher Vorzugspolitnormen (*youhui zhengce*) nicht etwa zustande gebracht, Taiwan, das keineswegs als Feindesland betrachtet wird, immer enger an sich zu binden?

Besuchten 1987 nur etwa 50 000 Personen aus dem chinesischen Festland Taiwan oder umgekehrt aus Taiwan das chinesische Festland und betrug das wechselseitige Handelsvolumen lediglich 1,5 Milliarden US-Dollar, so umfasste 30 Jahre später der Besucherstrom von und nach Taiwan 9,39 Millionen Personen und erreichte das gegen-

64 Xi Jinping, »Bericht auf dem XIX. Parteitag der Kommunistischen Partei Chinas«, 18. Januar 2017, unter http://german.china.org.cn/txt/2017/11/20/content_50064368.htm.

65 S. Kapitel »Mittels Supraplanung der Thukydides-Falle ausweichen«, in: von Senger, *Moulüe – Supraplanung*, ^{2}2018, S. 67 ff.

seitige Handelsvolumen einen Wert von 179,6 Milliarden US-Dollar – ein Zuwachs um das 188- bzw. 120-Fache.[66]

Hat also mittels außenwirtschaftsrechtlicher und touristischer Maßnahmen die Volksrepublik China nicht schon längst auf leisen Pandapfoten Taiwan, dessen »Wirtschaft sich enorm stark auf das chinesische Festland ausgerichtet hat«[67], einer ökonomischen Quasiwiedervereinigung unterzogen?

Hat auf diese sanfte Weise die Volksrepublik China die von gewissen taiwanesischen Politikern angestrebte Ausrufung einer unabhängigen Republik Taiwan nicht bereits weitgehend verunmöglicht, und zwar infolge der Widerstände seitens ganz und gar chinaabhängig gewordener maßgeblicher taiwanesischer Wirtschaftskreise? Hat die Volksrepublik China mit Hilfe des Kraftentziehungsstrategems Nr. 19 (»Unter dem Kessel das Brennholz wegziehen«)[68] bisher nicht recht erfolgreich der taiwanesischen Unabhängigkeitsbewegung das Wasser abzugraben vermocht?

Und hat die Volksrepublik China, um den Blick auszuweiten, nicht auch schon die USA und viele Länder des Westens auf nicht militärische, nämlich wirtschaftliche Weise so sehr an sich gebunden, dass diese Länder zusehends außerstande sind, dem Reich der Mitte feindselig entgegenzutreten?

66 Guo Zongxin, »Tuidong liang an guanxi heping fazhan« (›Die friedliche Entwicklung der Beziehungen zwischen den beiden Ufern vorantreiben‹), in: *Guangming Ribao* (›Licht-Tageszeitung‹), Beijing 20. November 2017, S. 2.

67 Beat U. Wieser, »China drängt zu den Weltmeeren«, in: Neue Zürcher Zeitung, 18./19. Juni 2011, S. 1.

68 S. hierzu von Senger, 36 Strategeme, Bd. 2, S. 71 ff.

Der enge Planungsradius von Carl von Clausewitz

Angesichts des großen Einflusses des Werkes *Vom Kriege* von Carl von Clausewitz im Westen, das in der chinesischen Ausgabe über 600000 Schriftzeichen umfasst[69], drängt sich ein Vergleich mit *Meister Suns Kriegskanon* auf. Hier soll sich der Vergleich auf das Verhältnis zur List beschränken. Dabei wird ein kompetenter Umgang mit List in *Meister Suns Kriegskanon* der Tugend der Weisheit zugeordnet. Bemerkenswerterweise findet sich in *Vom Kriege* ein Abschnitt über die Kühnheit (Erster Teil, Drittes Buch, VI. Abschnitt), nicht aber ein Abschnitt über die Weisheit. Offensichtlich misst von Clausewitz im Gegensatz zu *Meister Suns Kriegskanon* der Kühnheit mehr Gewicht bei als der Weisheit.[70] In dem chinesischen Werk ist demgegenüber wohl von einem »weisen Feldherrn«, aber nie von einem »kühnen Feldherrn« die Rede.[71] Da es hier um einen Aspekt geht, der im Westen beim Umgang mit Carl von Clausewitz zumeist weitgehend ausgeklammert wird, soll er durch einige Zitate noch genauer vor Augen geführt werden, zumal von Clausewitz maßgeblich zu einer engen deutschen, wenn nicht sogar westlichen Militärdoktrin beigetragen haben dürfte, welche die List geradezu verniedlicht und bagatellisiert.

Gemäß Carl von Clausewitz ist der Krieg *»ein Akt der Gewalt, um den Gegner zur Erfüllung unseres Willens zu zwingen«*.[72] Er wiederhole deshalb »unsern Satz: Der Krieg ist ein Akt der Gewalt, und es gibt in der Anwendung derselben keine Grenzen«.[73] Gewalt sei *»das Mittel*; dem Feinde unseren Willen aufzudringen, *der Zweck*.« Mit »Gewalt« meint Carl von Clausewitz »physische Gewalt«.

69 Ebd., S. 252.
70 Ebd., S. 257.
71 Ebd., S. 258.
72 von Clausewitz, 1994, S. 17.
73 Ebd., S. 20.

Beiläufig weist er auf »eine moralische Gewalt« hin, die es »aber außer dem Begriffe des Staates und Gesetzes nicht« gibt.[74] Nur den Einsatz von List zieht von Clausewitz in seinen grundsätzlichen Überlegungen zum Krieg als Alternative zur Gewalt ganz am Rande in Betracht. Dieser widmet er im Dritten Buch »Von der Strategie überhaupt« lediglich einen kleinen Abschnitt. Hier behauptet er zwar, die List habe »mit den Mitteln [...] der Gewalt [...] nichts gemein«[75], aber diese Einsicht scheint ihm ausschließlich für Vorgänge nach dem Ausbruch eines Krieges, also im Zusammenhang mit strategischen Überlegungen im Hinblick auf die Anordnung von Gefechten, und in taktischer Hinsicht im Hinblick auf Einzelgefechte bemerkenswert zu sein. Er führt aus, List habe

> viel mit dem Betruge [gemein], weil dieser seine Absicht gleichfalls versteckt. Sie ist sogar selbst ein Betrug, wenn das Ganze fertig ist, aber sie unterscheidet sich doch von dem, was schlechthin so genannt wird, und zwar dadurch, daß sie nicht unmittelbar wortbrüchig wird. Der Listige läßt denjenigen, welchen er betrügen will, die Irrtümer des Verstandes selbst begehen, die zuletzt in *eine* Wirkung zusammenfließend, plötzlich das Wesen des Dinges vor seinen Augen verändern. [...] Aber so sehr man gewissermaßen das Bedürfnis fühlt, die Handelnden im Kriege an verschlagener Tätigkeit, Gewandtheit und List sich einander überbieten zu sehen, so muß man doch gestehen, daß diese Eigenschaften sich in der Geschichte wenig zeigen und selten aus der Masse der Verhältnisse und Umstände sich haben hervorarbeiten können.[76]

Wie man sieht, weist von Clausewitz der List militärgeschichtlich eine geringe Bedeutung zu. Die Strategie kenne,

74 Ebd., S. 18.
75 Ebd., S. 201.
76 Ebd., S. 201 f.

fährt er fort, »nicht, wie das übrige Leben, Handlungen, die in bloßen Worten, d. h. in Äußerungen, Erklärungen usw. bestehen. Diese, die nicht viel kosten, sind es aber vorzüglich, womit der Listige hinters Licht führt.«[77] Und er führt weiter aus:

> Das, was es im Kriege ähnliches gibt: Entwürfe und Befehle bloß zum Schein gegeben, falsche Nachrichten dem Feind absichtlich hinterbracht usw., ist für das strategische Feld gewöhnlich von so schwacher Wirkung, daß es nur bei einzelnen, sich von selbst darbietenden Gelegenheiten gebraucht, also nicht als eine freie Tätigkeit, die von dem Handelnden ausgeht, betrachtet werden kann.[78]

Listanwendung ist also für von Clausewitz eher ein passiver Vorgang. Die aktive Planung von List scheint sich außerhalb seiner Vorstellungswelt zu bewegen. Er schreibt weiter:

> Solche Handlungen aber, wie die Anordnung von Gefechten, soweit durchzuführen, daß sie dem Feinde einen Eindruck machen, erfordert schon einen beträchtlichen Aufwand von Zeit und Kräften, und zwar um so mehr, je größer der Gegenstand ist. Weil man diese gewöhnlich nicht daran geben will, darum sind die wenigsten der sogenannten Demonstrationen in der Strategie von der beabsichtigten Wirkung. In der Tat ist es gefährlich, bedeutende Kräfte auf längere Zeit zum bloßen Schein zu verwenden, weil immer die Gefahr bleibt, daß es umsonst geschieht und man diese Kräfte dann am entscheidenden Ort entbehrt.[79]

Listanwendung, das ist wohl der Sinn dieser Aussagen, lohnt sich im Allgemeinen nicht. Daraus folgert von Clausewitz:

77 Ebd., S. 202.
78 Ebd., S. 202.
79 Ebd.

> Diese nüchterne Wahrheit fühlt der Handelnde im Kriege immer durch, und darum vergeht ihm die Lust zu dem Spiel schlauer Beweglichkeit. Der trockene Ernst der Notwendigkeit drängt meist so in das unmittelbare Handeln hinein, daß für jenes Spiel kein Raum bleibt. Mit einem Wort: es fehlt den Steinen im strategischen Schachbrett die Beweglichkeit, welche das Element der List und Verschlagenheit ist.
>
> Die Folgerung, welche wir ziehen, ist, daß ein richtiger treffender Blick eine notwendigere und nützlichere Eigenschaft des Feldherrn ist als die List, wiewohl diese auch nichts verdirbt, wenn sie nicht auf Unkosten notwendiger Gemütseigenschaften besteht, welches freilich nur zu oft der Fall ist.[80]

Er schließt das Fazit an:

> Je schwächer aber die Kräfte werden, welche der strategischen Führung unterworfen sind, um so zugänglicher wird diese der List sein, so daß dem ganz Schwachen und Kleinen, für den keine Vorsicht, keine Weisheit mehr ausreicht, auf dem Punkt wo ihn alle Kunst zu verlassen scheint, die List sich als die letzte Hilfe desselben anbietet. Je hilfloser die Lage ist, je mehr sich alles in einen einzigen verzweiflungsvollen Schlag zusammendrängt, um so williger tritt die List seiner Klugheit zur Seite. Von aller weitern Berechnung loslassend, von aller spätern Entgeltung befreit, dürfen Kühnheit und List einander steigern und so einen unmerklichen Hoffnungsschimmer auf einen einzigen Punkt vereinigen, zu einem einzigen Strahl, der allenfalls noch zu zünden vermag.[81]

An anderer Stelle stößt von Clausewitz in dasselbe Horn, indem er die List als einen allerletzten Notbehelf unmittelbar vor dem drohenden und – so lässt sich diese Stelle auch

80 Ebd., S. 202 f.
81 Ebd., S. 203.

lesen – auch mit Hilfe einer aus heiterem Himmel, völlig spontan, ohne jede gründliche Überlegung, augenscheinlich aus dem Bauch heraus eingesetzten List letztlich nicht zu vermeidenden Untergang hinstellt:

> Wo das Missverhältnis der Macht so groß ist, daß keine Beschränkung des eigenen Ziels vor dem Untergang sichert, oder die wahrscheinliche Dauer der Gefahr so groß, dass die sparsamste Verwendung der Kräfte nicht mehr ans Ziel führen kann, da wird oder soll sich die Spannung der Kräfte in einen einzigen verzweiflungsvollen Schlag zusammenziehen; der Bedrängte wird, kaum Hilfe mehr erwartend von Dingen, die ihm keine versprachen, sein ganzes und letztes Vertrauen in die moralische Überlegenheit setzen, welche die Verzweiflung jedem Mutigen gibt, er wird die höchste Kühnheit als die höchste Weisheit betrachten, allenfalls noch kecker List die Hand reichen und, wenn kein Erfolg ihm werden soll, in einem ehrenvollen Untergange das Recht zu künftiger Auferstehung finden.[82]

Wer auch immer *Meister Suns Kriegskanon* gelesen hat, dem dürfte der Unterschied zwischen diesem und dem Clausewitz'schen Werk auffallen, und zwar hinsichtlich der dort breiten[83] und hier engen Einschätzung der menschlichen Möglichkeiten einer Planung, die aus der chinesischen Sicht supraplanerisch immer, aus abendländischer aber nur in höchster Not die List mit umfasst, sowie hinsichtlich der Wertschätzung der Listanwendung während eines Krieges, insbesondere aber vor dem eigentlich unbedingt zu vermeidenden Ausbruch eines Krieges. Man könnte versucht sein zu behaupten, dass mit Bezug auf so gut wie jede in von Clausewitz' *Vom Kriege* vertretene

82 Carl von Clausewitz, *Vom Kriege*. Als Handbuch bearbeitet und mit einem Essay »Zum Verständnis des Werkes« hrsg. von Wolfgang Pichert und Wilhelm Ritter von Schramm, Pfaffenhofen 1969, S. 139.

83 Niu Xianzhong, in: Sima Qi, S. 258.

Listaussage in *Meister Suns Kriegskanon* eine andere, zumeist die gegenteilige, Auffassung vertreten wird.[84]

Von als »listig« zu qualifizierenden Manövern spricht Carl von Clausewitz im Hinblick auf einen gescheiterten Krieg:

> Jenes Gewebe [...] von unwahren Vorstellungen [...] verdrängt den ganz einfachen und wahren Grund des Nichterfolges, nämlich die Furcht vor dem feindlichen Schwert. Geht nun die Kritik auf einen solchen Feldzug ein, so müht sie sich an einer Menge von Gründen und Gegengründen ab, die kein überzeugendes Resultat geben, weil sie alle in der Luft schweben, und man in den eigentlichen Grundbau der Wahrheit nicht hinuntersteigt. Jener Betrug aber ist nicht etwa bloß eine üble Gewohnheit, sondern in der Natur der Dinge begründet. Die Gegengewichte, wodurch die Elementarkraft des Krieges und also der Angriff insbesondere geschwächt wird, liegen dem größeren Teile nach in den politischen Verhältnissen und Absichten des Staates, und diese werden der Welt, dem eigenen Volke und Heere immer, in manchen Fällen aber sogar dem Feldherrn verborgen. Niemand z. B. kann und wird seinen Entschluss des Innehaltens oder Aufgebens durch das Geständnis motivieren, dass er fürchtet, mit seiner Kraft nicht bis ans Ende zu reichen, oder sich neue Feinde zu erwecken oder dass er seinen Bundesgenossen nicht will zu stark werden lassen. Alle solche Dinge bleiben lange verschwiegen, oder bleiben es wohl auf immer; für die Welt aber soll doch das Handeln im Zusammenhange dargestellt werden, und so wird denn der Feldherr genötigt, entweder für eigene Rechnung oder für Rechnung seiner Regierung ein Gewebe von falschen Gründen gel-

84 Vgl. von Senger, »Carl von Clausewitz' Ansicht über die List – fünf Mal vom Kopf auf die Füße gestellt«, in: H. v. S., *36 Strategeme für Manager*, München 2009, S. 29 ff.

> tend zu machen. Diese immer wiederkehrenden Spiegelfechtereien der Kriegsdialektik haben sich in der Theorie zu Systemen verknöchert, die natürlich ebensowenig Wahrheit haben. [...][85]

Auch in *Meister Suns Kriegskanon* ist von der Zeit nach einem Krieg die Rede. Aber da geht es um einen gewonnenen Krieg, in dem der Sieg ohne Waffengang errungen wurde. Kein Held trat hervor, denn nicht durch spektakuläre physische Gewaltanwendung, sondern durch ›Köpfchen‹, also durch listige Planungen, wurde die Auseinandersetzung ohne Blutvergießen gewonnen.

In diesem Zusammenhang darf in von Clausewitz' Werk ein kurzer Abschnitt über »Die Überraschung« nicht übersehen werden.[86] Er findet sich unmittelbar vor dem Abschnitt über die List. Hier vertritt von Clausewitz Auffassungen, die auf den ersten Blick durchaus Parallelen zu Gedanken in *Meister Suns Kriegskanon* aufzuweisen scheinen:

> Schon aus [...] dem allgemeinen Streben nach relativer Überlegenheit, ergibt sich ein anderes Streben, welches folglich ebenso allgemein sein muß: Es ist die *Überraschung* des Feindes. Sie liegt mehr oder weniger allen Unternehmungen zum Grunde, denn ohne sie ist die Überlegenheit auf dem entscheidenden Punkte eigentlich nicht denkbar.[87]

Die Überraschung werde also, so von Clausewitz,

> das Mittel zur Überlegenheit, aber sie ist außerdem auch als ein selbständiges Prinzip anzusehen, nämlich durch ihre geistige Wirkung. Wo sie in einem hohen Grade gelingt, sind Verwirrung, gebrochener Mut beim

85 von Clausewitz, 1969, S. 166.
86 von Clausewitz, 1994, S. 198 ff.
87 Ebd., S. 198.

> Gegner die Folgen, und wie diese den Erfolg multiplizieren, davon gibt es große und kleine Beispiele genug. Es ist also hier nicht vom eigentlichen Überfall die Rede, welcher beim Angriff hingehört, sondern von dem Bestreben, mit seinen Maßregeln überhaupt, besonders aber mit der Verteilung der Kräfte den Gegner zu überraschen, welches ebensogut bei der Verteidigung gedacht werden kann und in der taktischen Verteidigung namentlich eine große Hauptsache ist.
>
> Wir sagen: die Überraschung liegt ohne Ausnahme allen Unternehmungen zum Grunde, nur in sehr verschiedenen Graden, nach der Natur der Unternehmung und der übrigen Umstände.[88]

Er führt weiter aus:

> Schon bei den Eigenschaften des Heeres, des Feldherrn, ja der Landesregierung fängt dieser Unterschied an.
>
> Geheimnis und Schnelligkeit sind die beiden Faktoren dieses Produktes, und beide setzen bei der Regierung und beim Feldherrn eine große Energie, beim Heere aber einen großen Ernst des Dienstes voraus. Mit Weichlichkeit und laxen Grundsätzen ist es vergeblich, auf Überraschung zu rechnen. Aber so allgemein, ja so unerläßlich dieses Bestreben ist und so wahr es ist, daß dasselbe nie ganz ohne Wirkung bleiben wird, so ist es doch ebenso wahr, daß es selten in einem *ausgezeichneten* Grade gelingt und daß dies in der Natur der Sache liegt. Man würde sich also eine falsche Vorstellung machen, wenn man glaubte, durch dieses Mittel sei hauptsächlich viel im Kriege zu erreichen. In der Idee spricht es uns so sehr an, in der Ausführung bleibt es meistens in der Friktion [der Reibung] der ganzen Maschine stecken.[89]

88 Ebd., S. 198.
89 Ebd., S. 199.

Die Überraschung findet sich an anderer Stelle:

> In der Taktik ist die Überraschung viel mehr zu Hause aus der ganz natürlichen Ursache, dass alle Zeiten und Räume kleiner sind. Sie wird also in der Strategie umso tunlicher, als die Maßregeln in dem Gebiet der Taktik näherliegen, und umso schwieriger, je höher hinauf gegen das Gebiet der Politik diese liegen.[90]

Es sei überhaupt schwer, im Krieg den Gegner zu überraschen:

> Die Vorbereitungen zum Kriege nehmen gewöhnlich mehrere Monate ein, die Versammlung der Heere in ihren großen Aufstellungspunkten erfordern meistens die Anlage von Magazinen und Depots und beträchtliche Märsche, deren Richtung sich früh genug erraten lässt. Es ist daher äußerst selten, dass ein Staat den anderen mit einem Kriege überrascht [...]. Dagegen ist bei Dingen, die von einem Tag zum anderen geschehen können, die Überraschung viel denkbarer, und so ist es denn auch oft nicht schwer, dem Feinde einen Marsch und dadurch eine Stellung, einen Punkt in der Gegend, einen Weg abzugewinnen usw. Allein es ist klar, dass, was die Überraschung nach dieser Seite hin an Leichtigkeit gewinnt, an ihrer Wirksamkeit verloren geht, sowie diese nach der anderen Richtung immer zunimmt. Wer da glaubt, dass sich an solche Überraschung in kleinen Maßregeln oft Großes anknüpfen ließe, z.B. der Gewinn einer Schlacht, die Wegnahme eines bedeutenden Magazins, der glaubt etwas, was allerdings sehr denkbar ist, was aber die Geschichte nicht bewährt, denn es sind im ganzen sehr wenige Beispiele, wo aus solchen Überraschungen Großes hervorgegangen wäre, woraus man wohl ein Recht hat,

90 Ebd., S. 106.

> auf die Schwierigkeiten zu schließen, die in der Sache liegen [...].[91]

Überraschungen könnten kaum geplant werden:

> Eine Überraschung mit großem Erfolg geht also auch in diesem Gebiet nicht aus der bloßen Tätigkeit, Kraft und Entschlossenheit der Führung hervor, sie muss durch andere Umstände begünstigt werden. Wir wollen aber diesen Erfolg keineswegs leugnen, sondern ihn nur an die Notwendigkeit günstiger Bedingungen anknüpfen, die sich dann freilich nicht so häufig finden und die der Handelnde selten hervorbringen kann.[92]

Gewiss gebe es auch »im höheren und höchsten Gebiet der Strategie [...] einige Beispiele folgenreicher Überraschungen [...]. Aber solche Erscheinungen gibt es sehr wenige in der Geschichte [...].[93]

Zwar hat von Clausewitz für die Überraschung etwas mehr Verständnis als für die List, letztendlich aber pflegt er gegenüber den beiden Behelfen nicht die hohe Wertschätzung, die ihnen in *Meister Suns Kriegskanon* zuteilwird. Zudem bietet von Clausewitz außer einem eher vagen Hinweis auf eine den Feind überraschende »Verteilung der Kräfte« keine konkreten Maßnahmen zur aktiven Erzeugung von Überraschung im Stile der »zwölf Wege der List« in *Meister Suns Kriegskanon* an. Der Feldherr erscheint bei von Clausewitz vor allem als der passive Nutznießer von günstigen Bedingungen, die er aber nur selten selbst herbeiführen kann. In *Meister Suns Kriegskanon* werden demgegenüber der durch den Feldherrn vorzunehmenden aktiven Einflussnahme auf die »Gestaltung« objektiver militärischer Verhältnisse zugunsten der eigenen Seite unter anderem mit Hilfe von Strategemen ein

91 von Clausewitz 1969, S. 106.
92 Ebd.
93 Ebd.

viel höheres Gewicht beigemessen und auch diesbezügliche Regeln formuliert.

Angesichts der supraplanerischen Ausrichtung von *Meister Suns Kriegskanon* kann es nicht verwundern, dass seit den 1990er Jahren vermehrt Publikationen auf dem chinesischen Büchermarkt erschienen sind, in denen *Meister Suns Kriegskanon* und das vermutlich aus dem Ende der Ming-Zeit (1368–1644) stammende Militärtraktat *Die 36 Strategeme: Das geheime Buch der Kriegskunst* in einem Band vereinigt wurden, als ob es sich um sich ergänzende Zwillingsklassiker handele.[94]

Nicht verschwiegen werden soll, dass in *Meister Suns Kriegskanon* einige Aspekte vernachlässigt werden. Über den vorsorglichen Aufbau wirtschaftlicher Stärke in Friedenszeiten im Hinblick auf mögliche kriegerische Verwicklungen erfährt man nichts.[95] Nach Ausführungen über die ethische Bewertung des Krieges sucht man vergebens.[96] Dieser wird unter dem Gesichtspunkt des Nutzens (Kap. 11.2, 12.4) und ansonsten neutral gesehen. Ansätze zum Konzept eines »gerechten Krieges« fehlen. Die Rolle des Feldherrn wird überbewertet. Vom Fürsten wird lediglich erwartet, sich nicht ungebührlich in militärische Angelegenheiten einzumischen. Welche aktive, insbesondere politische, Funktion der Fürst spielen könnte, bleibt unerör-

94 Z.B. Lu Zhongjie, *Sun Zi Bingfa Yu Sanshiliu Ji* (Meister Suns Kriegskunst und die 36 Strategeme), Jinan 1996; Guan Meifen, *Baihua Sun Zi Bingfa – Sanshiliu Ji* (Meister Suns Kriegskanon – Die 36 Strategeme in moderner [chinesischer] Literatursprache), Taibei 2005; Li Jie, *Sanshiliu Ji – Sun Zi Bingfa* (Die 36 Strategeme – Meister Suns Kriegskanon), Harbin 2006; Yang Wanli / Cao Zhibiao, *Huoyong Sun Zi Bingfa Sanshiliu Ji* (Meister Suns Kriegskanon und die 36 Strategeme im lebendigen Gebrauch), Shanghai 2006; Ma Yinchun, *Zuo Shou Sun Zi Bingfa You Shou Sanshiliu Ji* (In der linken Hand Meister Suns Kriegskanon, in der rechten Hand Die sechsunddreißig Strategeme), Beijing 2010. Für Jugendliche: *Sun Zi Bingfa – Sanshiliu Ji* (Meister Suns Kriegskanon – Die 36 Strategeme), Kunming 2005.

95 Niu Xianzhong, in: Sima Qi, S. 260f.

96 Ebd., S. 263.

tert.[97] Konkrete Ratschläge betreffend die Schaffung einer unbesiegbaren Ausgangslage (Kap. 4.1) werden nicht erteilt. Nicht fündig wird man in *Meister Suns Kriegskanon*, wenn man nach Postulaten betreffend die Entwicklung von Kriegsgeräten zur Erringung militärischer Übermacht sucht. Dass in der über zweitausendjährigen Geschichte des chinesischen Militärdenkens die Naturwissenschaften und die Technik eine eher marginale Rolle spielten, mag man bis auf *Meister Suns Kriegskanon* zurückführen können. Darin wird das Hauptaugenmerk dem menschlichen und weniger dem materiell-technischen Faktor geschenkt. Das ist nicht verwunderlich, wenn man bedenkt, dass gemäß *Meister Suns Kriegskanon* die Kriegführung, die eine Bezwingung des Gegners ohne Waffengang herbeiführt, als optimal gilt. Der Einsatz geistiger Kampfmittel, insbesondere von Strategemen, genießt da natürlich den Vorrang. Das führt aber beispielsweise zu der Klage, dass erst in den »Sämtlichen Schriften in vier Abteilungen« (*Siku Quanshu*) in der zweiten Hälfte des 18. Jh.s die militärische Nutzanwendung des Kompasses, der bereits in der Zeit der Streitenden Reiche (475–221 v. Chr.) erfunden worden sei[98], erwähnt werde. Zuvor sei man über zweitausend Jahre lang bei Meister Suns Rat, auf Märschen solle man einen »Wegführer benutzen« (Kap. 7.3), stehen geblieben. Auch das Schießpulver, eine der »vier Erfindungen der chinesischen Antike«[99], sei in seinem Entstehungsland nicht über eher bescheidene Einsätze in der Kriegführung hinausgekommen.[100]

97 Ebd., S. 260.

98 *Cihai* (›Wörtermeer‹), Shanghai 2009, S. 2946.

99 *Zhongguo Dabaike Quanshu, Junshi. Zhongguo Gudai Bingqi Fence*, S. 66.

100 Deng Jianhua, »Lidai moulüe yu Zhongguo wenhua (*Die* ›Moulüe‹ *genannte Planungskunst in den* aufeinanderfolgen*den* Dynastien und *die* chinesische Kultur)«, in: *Hubei Daxue Xuebao – Zhexue Shehui Kexue Ban* 2 (1995) S. 35.

Die Rezeption von *Meister Suns Kriegskanon* außerhalb Chinas

Als erstes Land außerhalb Chinas, in dem *Meister Suns Kriegskanon* ergründet worden sei, gilt Japan, wohin das Werk in der Zeitspanne 220–550 n.Chr., auf dem Umweg über die koreanische Halbinsel, gelangt sein soll. Ein erster außerhalb der Grenzen Chinas entstandener Kommentar, und zwar verfasst von einem Japaner, werde von geschichtlichen Aufzeichnungen auf das Jahr 734 n.Chr. datiert[101]. Bis zum Zweiten Weltkrieg hat sich indes der Einfluss des chinesischen Militärklassikers auf die japanische Kriegführungspraxis offenbar weitgehend verflüchtigt, ja, man scheint ihn gar nicht mehr verstanden zu haben. So wurde kritisiert, dass die »chinesische Doktrin zum Mittel der Verschwörung greift, während die japanische Doktrin Offenheit und Ehrlichkeit lehrt«, oder dem Buch wurde vorgehalten, dass die »Kriegskunst den Kampf scheut und von Feigheit geprägt ist«.[102]

Im Abendland erschienen die ersten ganzen oder teilweisen Übersetzungen der Reihe nach in Frankreich (1772), Russland (1860), England (1905) und in Deutschland (1910). Die deutsche Erstausgabe verdient es dabei, besonders hervorgehoben zu werden. Sie trägt den Titel *Das Buch vom Kriege – Der Militär-Klassiker der Chine-*

101 Jiao Xiang: »You 30 duo zhong waiwen banben yanjiu zhushu da qi-babai bu. ›Sun Zi Bingfa‹ haiwai shou re peng – Xiancun zuizao junshi lunzhu cheng Mei junxiao bidushu« (Es gibt [derzeit weltweit] Ausgaben in über 30 Sprachen und 700 bis 800 Forschungsbücher. *Meister Suns Kriegskanon* empfängt in Übersee begeistertes Lob. Das früheste existierende Militärtraktat wird in amerikanischen Militärschulen zur Pflichtlektüre), in: *Renmin Ribao Haiwaiban* (Volkszeitung Überseeausgabe), Beijing 24. Mai 2010, S. 2.

102 Yoichi Hirama, »Die Einflüsse von Sun Tzu und Todenkyo in der Kaiserlich-Japanischen Marine. Rationalismus und Emotionalismus im Zweiten Weltkrieg«, in: Jörg Duppler (Hrsg.), *Seemacht und Seestrategie im 19. und 20. Jahrhundert*, Hamburg [u.a.] 1999, S. 237.

sen. Das von Bruno Navarra verfasste Büchlein umfasst 80 Seiten und enthält neben einer Übersetzung eines Teils von *Meister Suns Kriegskanon* auch eine Teilübersetzung eines anderen antiken chinesischen, dem Meister Wu zugeschriebenen Militärklassikers. Navarra widmete sein Werk »Seiner Exzellenz dem Chef des Generalstabes der Armee General der Infanterie v. Moltke in ehrerbietiger Hochachtung«. Zwar erkannte Navarra, dass in dem chinesischen Traktat »vornehmlich die fundamentalsten Grundsätze des Krieges und der Kriegsführung« vermittelt werden, und »ferner welchen Einfluss die Politik und die menschliche Natur im allgemeinen auf militärische Operationen ausüben können. Da ist es denn von hohem Interesse, zu finden, wie unveränderlich im großen und ganzen die Grundsätze und Operationen der Kriegführung sind.«[103] Doch er unterlässt jeglichen Hinweis auf eine mögliche Anwendung der in der chinesischen Militärschrift enthaltenen Gedanken in der deutschen Armee. In Bezug auf Japan heißt es: »Viele, viele Generationen seiner Soldaten sind nach den Ratschlägen Suntzu's [...] in den Kampf geschickt worden. [...] Natürlich hat *das Werk* seither den wissenschaftlichen Werken europäischer Schriftsteller Platz machen müssen.«[104]

Aus diesen Zeilen scheint hervorzugehen, dass *Meister Suns Kriegskanon* für Bruno Navarra nicht einmal in Japan, geschweige denn im Abendland von praktisch-aktueller Bedeutung war. Vielleicht kann die hier vorliegende Neuübersetzung zur Relativierung dieses westlichen Denkens bzw. zu einer globalen Öffnung beitragen.

103 Bruno Navarra, *Das Buch vom Kriege. Der Militär-Klassiker der Chinesen – mit Bildern nach chinesischen Originalen*, Berlin 1910, S. 6.
104 Ebd., S. 6f.

Inhalt

Meister Suns Kriegskanon

Anhang